흔들리지 말고 나답게

김회수 지음

흔들리지 말고 나답게

계란 한 알, 두부 한 모에도
진심을 담은 포프리 CEO 김회수의
가슴 뛰는 도전

RHK
알에이치코리아

프롤로그

자기만의 속도로 나아가는 이정표

돌아보면 나는 늘 선택의 갈림길에 서 있었다.

더 빨리 가는 길과 더 오래 남는 길.

더 많이 파는 길과 덜 팔더라도 지키는 길.

대부분의 순간, 세상은 나에게 이렇게 말했다.

"그 정도면 됐다."

"그만해도 된다."

"다들 그렇게 한다."

하지만 이상하게도 그 말들이 가장 불안했다. 계란 한 알을 팔면서도 나는 먼저 이런 질문을 했다.

'이건 정말 사람이 먹는 음식인가.'

그저 잘 팔리는 상품이 아니라, 아이부터 어른까지 안심하고 먹을 수 있는 음식인지 스스로에게 묻지 않으면 다음으로 갈 수 없었다.

사람을 뽑을 때도 마찬가지였다.

지금 일을 잘하는 사람보다 이 일을 통해 어떤 사람이 되고 싶은지를 더 오래 들여다봤다. 기술은 가르칠 수 있지만, 태도와 방향은 쉽게 바뀌지 않는다는 걸 사업을 하며 수없이 확인했기 때문이다.

사업은 숫자로 말한다고들 한다. 맞다. 숫자는 거짓말을 하지 않는다. 하지만 숫자는 이유를 말해주지 않는다. 왜 이 선택을 했는지, 왜 이 길을 고집했는지, 왜 더 쉬운 길을 두고 돌아갔는지는 매출표만으로 설명할 수 없었다.

이 책은 성공담이 아니다. 오히려 실패의 기록에 가깝다.

잘 팔리던 제품을 스스로 접었고, 잘 돌아가던 시스템을 멈췄으며, 돈이 되던 일을 일부러 내려놓기도 했다.

그럼에도 불구하고 내가 이 이야기를 꺼내는 이유는 하나다.

나는 계란을 팔면서 사업을 시작했지만, 결국 내가 붙잡고 고민해온 건 계란이 아니라 그걸 먹는 사람이었기 때문이다.

어떤 음식을 먹고, 어떤 선택을 하고, 어떤 하루를 살아가는지를 생각하다 보니 사업의 중심은 자연스럽게 '사람'으로 옮겨왔다.

이 책은 상품을 어떻게 만들었는지에 대한 이야기이면서, 사람을 어떻게 대하고 싶었는지에 대한 기록이다. 제품을 만들다 보니 결국 삶을 대하는 태도를 배우게 되었고, 그 과정에서 나 자신도 조금씩 바뀌었다.

만약 지금 당신도 선택의 갈림길 앞에서 흔들리고 있다면, 이 기록이 조금은 느리게, 조금은 덜 불안하게 자기만의 속도로 가는 데 작은 이정표가 되었으면 한다.

나는 지금도 스스로에게 묻는다.

"이 선택이 사람에게 닿는가."

"이 방향이 억지스럽지 않은가."

"이 길이 오래 걸어도 괜찮은 길인가."

이 질문을 놓지 않았던 시간들, 그 시간들이 이 책의 전부다.

차례

2장

✦

신뢰는 말이 아닌 마음으로 쌓인다

3장

✦

꿈이 있는 사람은 쓰러져도 멈춰 서지 않는다

4장

조금 다르게, 세상이 기억하도록, 세상에 기여하도록

5장

✦

우리는 함께 꿈꾸고, 함께 성장합니다

1장

진심은 반드시 길이 된다

01

마음을 전하고 쌓는 일

1970년 9월 26일, 토요일 오후 두 시.

광주의 하늘엔 아직 여름의 숨결이 남아 있었다. 시장 골목엔 햇살이 감잎에 반사되어 반짝였고, 바람엔 익어가는 감 냄새가 은근히 섞여 흘렀다.

그날 어머니는 장바구니를 들고 시장을 걷고 계셨다. 한참을 둘러보시다 노란빛이 막 돌기 시작한 감 한 알 앞에서 걸음을 멈추셨다. 손끝이 감을 향했지만, 오래 바라보다가 이내 조용히 내려놓으셨다. 아마도 어머니의 주머니 속엔 동전 몇 개뿐이었을 것이다.

그렇게 돌아서 집으로 향하던 길에도 감 냄새는 공기 속에 오래 남아 있었다고 한다. 그 냄새가 사라지기도 전에, 나는 세상에 태어났다.

그래서일까. 어머니가 사지 못한 그 감 한 알이 내 인생의 첫 기억이 되었다. 세상에는 손에 넣지 못한 것이 오히려 마음속에서 더 오래, 더 깊게 익어가는 법이다. 어머니는 두고두고 그날의 이야기를 들려주셨다.

후에 들은 이야기였지만, 내겐 분명한 기억처럼 남아 있다. 그래서 나는 지금도 감을 가장 좋아한다. 그리고 그날의 감정이 고스란히 담긴 노래를 들을 때면, 그날의 바람 냄새가 지금도 코끝에 스며드는 것 같다.

어린 시절의 내 세상은 단순했다. 흙을 초콜릿으로 착각해 입에 넣고, 골목에서 목말 타기, 공기놀이, 딱지치기로 해가 지는 줄 몰랐다. 아이들 웃음소리가 담벼락을 타고 퍼질 즈음이면, 저 멀리서 어머니의 부르는 소리가 들려왔다.

"회수야, 밥 먹자—."

해가 서쪽 지붕 위로 기울며 하늘은 주황빛으로 물들었다. 신발 한 짝이 벗겨진 채 골목을 돌아 집으로 뛰어들면, 부엌 불빛이 새어 나왔다. 어머니는 솥뚜껑을 살짝 들어 밥을 고르고 계셨다. 그 순간 따뜻한 밥 냄새가 얼굴을 감쌌다.

그 냄새는 세상에서 가장 포근한 음악이었다. 지금도 밥 냄새만 나면, 그 시절 저녁 공기와 어머니의 뒷모습이 함께 떠오른다. 가난했지만, 가난이 아직 냄새를 내던 시절이었다.

나는 특별한 아이는 아니었다. 다만 어머니의 양육 방식은 조금 독특했다. 엄마 친구 집에서 조금만 떠들어도 집에 돌아오면 여지없이 혼이 났다. 말이 많아도 혼났고, 말이 없어도 혼났다. 하루라도 혼나지 않으면 오히려 불안할 정도였다.

그 덕분에 나와 누나는 얌전한 아이로 자랐다. 조용히 웃고, 눈치를 살피고, 말보다 표정을 먼저 읽는 법을 배웠다. 세상과 적당한 거리를 두는 법을 익히며, 마음의 힘은 그렇게 자라났다.

어머니의 체벌은 중학교에 진학하며 멈췄다. 그제야 알았다. 그것이 미움이 아니라 어머니만의 훈육이었다는 걸 말이다. 어머니는 나에게 세상을 버티는 법을 가르쳐주고 계셨다. 오랜 시간이 흐른 뒤에야 깨달았다. 사람을 바꾸는 것은 강요가 아니라, 스스로 서게 만드는 방향 제시라는 것을 말이다.

어머니는 사랑의 매를 들었지만, 결국 나를 '스스로 서게' 만들었다. 그게 내 인생의 첫 번째 인간 경영 수업이었다. 그러고 보면 어머니에게 배운 것이 참 많다. 그중에서도 내 인생에서 가장 중요한 가르침이 하나 더 있다.

어머니는 빈손으로 나서는 법이 없었다. 식당에 갈 때도, 미용실에 갈 때도 작은 과일 한 봉지, 김치 한 통을 꼭 들고 가셨다. 어릴 땐 왜 그러시는지 몰랐지만 나이가 들수록 그 의미를 알게 되었다.

어머니의 진심은 늘 관계에 쌓였다. 어머니는 무언가를 바란 게 아니었지만, 그 마음은 차곡차곡 상대의 마음속에 적립되었다. 그리고 그 진심은 관계의 원금이 되어, 시간이 흐를수록 이자가 불어났다. 나는 어릴 때도 그 이자의 단맛을 보았던 것 같다. 어머니의 단골 식당에 가면 상 위엔 늘 산해진미가 올랐다. 그런데 계산서는 유난히 홀쭉했다. 나중에야 어머니가 그 식당의 일하는 분들뿐 아니라, 그 자녀들까지 살뜰히 챙기셨다는 것을 알았다.

그래서 어디를 가든 사람들은 어머니를 반겼다. 나는 그 모습을 보며 배웠다. 돈은 기쁘게 쓰일 때 신뢰가 된다는 걸, 마음을 내준 만큼 마음은 오래 남아 눈덩이처럼 커진다는 걸 말이다.

그러고 보면 우리 어머니는 나보다 훨씬 마케팅을 잘 아셨는지도 모른다. '마음을 사는 일'이 돈보다 오래간다는 마케팅의 진실을 삶에서 체득하고 계셨던 것이다.

이런 모습을 보고 자란 나는 어디서든 마음을 내는 일을 주저하지 않았다.

박사 과정을 밟던 시절, 네 명이 함께 쓰던 연구실에서 이런 일이 있었다. 청소하시는 분들은 보통 교수님 방만 정리하고 연구원 자리는 건너뛰셨는데, 유독 내 자리는 늘 깨끗했다. 내가 늘 건넨 음료 한 병, 빵 한 조각, 인사 한마디가 마음에 전해진 결과였을 것이다. 무엇을 바라서 한 일이 아니었다. 어머니께 배운 습관이었다. 그분들은 내 자리를 정돈해주고, 쓰레기통을 비워주셨고, 나는 다시 마음을 채웠다.

그때 확신하게 되었다. 관계는 보이지 않는 마케팅이라는 것을, 그리고 작은 친절이 신뢰를 낳고, 신뢰는 결국 성과로 돌아온다는 것을 말이다.

사업을 시작한 뒤엔 더 분명해졌다. 이런 마음은 리더십의 씨앗이 되고, 고객이 열광하는 가장 첫 번째 이유가 된다.

INSIGHT

돈보다 오래가는 자산은 마음입니다.
마음은 쓰는 순간 사라지지 않고, 쌓일수록 깊은 관계가 됩니다.

02

먼저 주는 사람이 구조를 안다

앞서 말했듯 내 어머니는 늘 손에 무언가를 들고 다니셨다.

김치 한 통, 과일 한 봉지, 직접 담근 된장 한 병.

"빈손으로 가면 마음도 비어 보인다."

그게 어머니의 철학이었다. 나는 어릴 적부터 그 손의 무게를 보며 자랐다.

어느 겨울날이었다. 어머니는 갓 담근 김치 한 통을 내주시며 말씀하셨다.

"이거 좀 갖다드려라."

나는 커다란 김치통을 들고 버스를 탔다. 좌석 아래에서 김치

국물이 조금씩 새어 나왔지만, 그땐 창피함보다 '엄마 심부름을 잘해야 한다'는 마음이 더 컸다.

지인 댁 문을 두드리자, 그분은 반갑게 웃으며 김치통을 받아 들었다. 그리고 내 손에 천 원짜리 지폐 한 장을 쥐여주셨다.

지금의 가치로 따지면 2만 원쯤 되는 돈이었다. 초등학생이던 내게는 세상을 다 가진 것 같은 금액이었다. 집으로 돌아오는 길, 문방구가 눈에 들어왔다.

나는 잠시 망설이다가 그 돈의 절반으로 작은 물건을 샀다. 그리고 다시 그 집으로 발걸음을 돌려 문을 두드렸다.

"용돈 주셔서 감사합니다."

내가 내민 작은 선물을 받아 든 그분은 한참 동안 나를 바라보시더니, 이내 천천히 미소를 지었다. 그 미소가 이상하게 오래 마음에 남았다.

시간이 한참 지난 뒤, 어머니는 다시 그 집에 심부름을 보내셨다.

"이번엔 떡 좀 가져다드려라."

나는 다시 버스를 타고 그분 댁을 찾았다. 떡을 건네자 그분은 잠시만 기다리라며 방으로 들어가셨고, 잠시 후 내 손에 2,000원을 쥐여주셨다.

그 순간, 어린 나는 돈이 불어나는 구조를 알아버렸다. 무언가를 얻기 위해서는, 먼저 일부를 내놓아야 한다는 것, 가만히 쥐고 있는 돈은 그대로지만, 흘려보낸 돈은 돌아올 때 크기가 달라진다는 것을 말이다.

그 경험은 작은 정성과 나눔이 관계를 만들고, 그 관계가 다시 더 큰 값으로 돌아온다는 사실을 조용히 알려주었다. 그건 학교에서는 가르쳐주지 않는, 인생의 셈법이었다.

그 이후로 나는 무엇이든 좋은 것을 먼저 전하려 애썼다. 그러면 신기하게도 마음 가득 무언가가 돌아왔다. 먼저 인사를 건네면 환한 표정이 돌아왔고, 누군가를 도운 날엔 이상하게 운이 따랐다. 명절에 이웃에게 먼저 인사를 드리면 과일 한 봉지가 돌아왔고, 청소를 도와드리면 용돈이 돌아왔다.

나는 아주 이른 나이에 그 단순한 구조를 몸으로 배운 셈이었다. 덕분에 나는 늘 좋은 것들을 얻을 수 있었다. 초등학교 시절, 부자들만 신는다는 나이키 운동화를 선물로 받았던 기억도 있다. 계산해서 한 행동은 아니었지만, 인생에서 두고두고 써먹을 수 있는 법칙을 이미 익히고 있었던 것이다.

그리고 나는 마음속으로 이렇게 다짐했다.

'무엇인가를 얻고 싶다면, 먼저 무엇인가를 줘라.'

이건 착한 말이 아니라, 사람에게도, 세상에게도, 그리고 비즈니스에도 그대로 적용되는 현실적인 구조다.

INSIGHT

'무엇인가를 얻고 싶다면, 먼저 무엇인가를 줘라.'
먼저 내놓은 사람만이, 돈과 관계가 불어나는 구조를 이해합니다.

03

늦어도 늦지 않다

중학교 1학년이던 어느 날, 어머니가 갑자기 사라지셨다. 하루가 지나고, 이틀이 지나도 돌아오지 않으셨다. 집 안은 말없이 비어 있었고, 무겁게 시간만 흘렀다. 며칠이 흘렀을까. 아버지가 낮게 말했다.

"서울로 가자."

그날 버스는 유난히 길게 흔들렸다. 창밖에는 초여름 햇살이 번지고 있었지만, 차 안의 공기는 싸늘했다. 나는 아무것도 묻지 못했다. 아버지의 표정이 모든 질문을 가로막고 있었기 때문이다.

도착한 곳은 서울의 한 큰 병원이었다. 소독약 냄새가 공기에 가득 차 있는 병원 복도를 지나, 우리는 한 병실 앞에 멈춰 섰다. 문을 여는 순간, 낯선 여인이 눈에 들어왔다. 온몸은 앙상하게 말라 뼈만 남아 있었고, 머리카락은 거의 빠져 있었다. 나는 그 자리에 굳어버렸다. 한참이 지나서야 그 여인이 우리 어머니라는 사실을 알아차렸다.

그때 어머니 나이 서른다섯. 지금 생각해보면 너무도 젊은 나이였다. 어머니는 그 나이에 위를 완전히 절제했다. 음식 한 숟갈을 삼키는 것조차 목숨을 걸어야 하는 상태였다.

나는 어머니 곁으로 쉽게 다가가지 못했다. 병실 한쪽에 서서 한참 동안 그 모습을 바라보기만 했다. 모든 것이 두려웠다. 그러다 가슴을 움켜쥐고, 떨리는 목소리로 물었다.

"정말… 우리 엄마 맞아?"

그 순간 어머니의 눈이 나를 향했다. 힘없이 떨리던 눈꺼풀이 천천히 떠지며 나를 바라보았다. 나는 그 눈빛을 견디지 못하고 눈물을 터트렸다. 목이 막혀 아무 말도 할 수 없었다. 그리고 한참만에 나도 모르게 한마디 말이 흘러나왔다.

"엄마… 사랑해요."

그 말은 내 생애 처음 꺼낸 사랑의 고백이었다. 어릴 적부터 엄하게 자라서 그런지 나는 단 한 번도 '사랑한다'는 말을 입에 올려본 적이 없었다. 생각조차 해본 적이 없었다. 하지만 그날은 달랐다. 지금 말하지 않으면, 영영 못 할 것 같다는 생각이 들었다. '사랑'은 미뤄서는 안 되는 말이라는 걸 그때 처음 알았다. 어머니는 미약하게 웃으셨다. 목소리는 없었지만, 그 눈빛이 대신 말했다.

"나도 사랑한다."

그날 이후 나는 언제나 사랑한다는 말을 아끼면 안 된다는 생각을 갖게 되었다. 우리에게 필요한 건 사랑을 전하는 용기뿐이라는 걸 말이다.

어머니는 기적처럼 살아나셨다. 오랜 치료 끝에 살도 다시 오르고, 목소리도 돌아왔다. 그리고 몇 년 뒤, 우리는 다시 나란히 시장을 걸었다. 나는 장바구니를 들어드리며 말했다.

"엄마, 사랑해요."

이번엔 떨림보다 따뜻함이 컸다. 어머니는 아무 말 없이 미소만 지으며 내 등을 가만히 토닥이셨다. 그 토닥임은 이렇게 말하는 것 같았다.

"나도 널 많이 사랑한단다."

세상에는 타이밍을 놓쳐도 회복할 수 있는 감정이 있다. 사랑이 있다면 그건 언제든 가능하다. 이 경험은 이후 내 삶 전체에 깊이 남았다.

사람도, 관계도, 한번 멀어졌다고 끝이 아니라는 것, 진심을 담아 다가가면 관계는 다시 살아날 수 있다는 것 말이다.

기업도 다르지 않다. 고객은 숫자가 아니라 사람이다. 매출이 줄었다고, 관계가 멀어졌다고 끝난 게 아니다. 고객을 다시 바라보고, 진심으로 아끼고, 먼저 사랑을 표현하는 순간 관계는 회복될 수 있다.

고객을 사랑하지 않는 기업은 오래가지 못한다. 반대로 고객을 진심으로 대하는 기업은, 느려 보여도 결국 가장 멀리 간다.

INSIGHT

사랑은 늦게 시작해도 늦지 않습니다. 용기를 내는 순간, 관계는 다시 살아납니다. 그래서 기업은 결국, 고객을 사랑해야 합니다.

04

내 선택은 내가! 자율의 힘

내가 학생이던 시절엔 중학교를 졸업하면 당연히 고등학교에 진학하는 게 아니었다. 인문계에 가려면 시험을 봐야 했고, 반에서 중간 이상은 되어야 했다. 나는 늘 그 '중간'이라는 단어의 그림자에 눌려 있었다.

중학교 때부터 공부에 큰 관심이 없었던 탓에 성적은 늘 하위권이었다. 성적표를 받아 들 때마다 집안 분위기는 무거워졌다. 그럴 때마다 아버지는 늘 같은 말을 하셨다.

"인문계 가야 사람 된다."

그래서 나는 사람이 되기 위해 책을 폈다.

공부를 하고 싶어서가 아니라, 두려워서였다. 다행히 턱걸이로 인문계 고등학교에 들어갔다. 하지만 입학하자마자 그곳 역시 또 다른 전쟁터라는 걸 깨달았다. 칠판 위의 글씨는 눈에 들어오지 않았고, 교실 안 공기는 늘 멀미가 날 만큼 답답했다.

나는 점점 말이 줄었다. 수업 대신 검정고시 문제집을 폈다. '이 학교를 벗어나야겠다' 하는 생각만이 내 유일한 목표가 되었다.

그 시절 나를 버티게 해준 건 책이 아니라 음악이었다. 용돈을 아껴 토요일마다 시내 레코드 가게로 갔다. 새 앨범의 비닐을 벗기는 순간의 냄새가 좋았다. 턴테이블 위에 LP를 올리고, 바늘이 레코드를 스칠 때면 세상이 잠시 멈췄다. 그 짧은 순간 동안 나는 숨을 쉬었다. 음악은 내가 살아남기 위해 꼭 필요한 거였다.

영화도 마찬가지였다. 당시 극장들은 동시상영을 했기에 한 편 값으로 두 편을 볼 수 있었다. 어떤 날은 하루에 여섯 편의 영화를 보기도 했다. 집에 돌아와 누워서 머릿속으로 그 여섯 편을 하나의 이야기로 엮곤 했다.

그렇게 버티며 고등학교 2학년이 되었다. 그해 내 삶은 조금 다른 궤도로 들어섰다. 담임선생님은 전교조 창립 멤버였다. 선생님은 우리에게 조금 다른 책을 읽게 했다. 『굽이치는 임진강』,

『민중은 살아 있다』 같은 책들이었다. 그 책들을 읽으며, 내 안에서 무언가 깨어났다. 늘 내성적이었던 나는, 내 안에 잠자고 있던 부당함을 느끼는 감각과 스스로 판단하려는 의지를 처음 자각했다. 그 자각은 곧 행동으로 이어졌다. 그 무렵 학교 안에는 부패한 교단에 대한 이야기가 돌고 있었다. 나를 포함한 몇몇 학생들은 도서관을 점거했다.

"타율학습 폐지!", "교장 퇴진!"

밤 10시까지 교실에 붙잡아두고 '자율'이라 부르던 세상에 대한 거부였다. 우리는 '자율'이라는 이름의 '강제'를 거부했고, 끝내 바꿔냈다. 그 이후 학교는 7교시까지만 수업을 하고, 오후 4시면 하교했다. 놀라운 건 그해 우리 학교의 대학 진학률이 역대 최고를 기록했다는 사실이다. 공부에 관심 없는 아이들을 억지로 붙잡아둔다고 결과가 좋아지는 건 아니었다.

이 경험은 훗날 내가 마케팅을 이해하는 데 중요한 기준이 되었다. 사람은 '설득'보다 스스로 '납득'하고 '동의'해야 움직인다는 것, 강제로 하게 만들면 잠깐이지만, 스스로 선택하게 하면 오래간다는 것을 알려주었다. 교육도, 소비도, 본질은 자율이다.

고3이 되던 겨울, 세상은 대통령 선거로 들끓었다. 1번 노태우, 2번 김영삼, 3번 김대중. 결과는 1번의 당선이었다. 그 다음 날은 기말고사였다. 나는 답안지를 펼치고 모든 문제의 답을

'기호 3번'으로 적었다. 의미 없는 반항이었다. 하지만 내가 세상에 보내는 첫 메시지였다.

'내 선택은 내가 하겠다' 하는 메시지. 결과는 참담했다. 전교 꼴찌에 가까웠다.

그러던 어느 날, 조퇴를 하고서 영화를 보고 집에 돌아오니 부모님이 내 가방을 뒤지고 계셨다. 담임선생님이 내가 학교에서 문제를 일으키고, 데모를 하러 다닌다고 전화를 걸었던 것이다. 그 순간 억울함보다 더 크게 다가온 건 다른 감정이었다. 그건 바로 부모님조차 나를 믿지 못한다는 사실이었다.

그날 밤, 나는 처음으로 나 자신을 정면으로 바라봤다.

'이대로 살아도 되는가.'

그리고 그때 처음 대학은 가야겠다고 결심했다. 누가 시켜서가 아니라, 내 선택이었다.

그 이후 고3 1년 동안 오로지 공부에만 집중했다. 전교 꼴찌 근처에서 출발해, 다행히 지방 대학에 들어갈 수 있었다.

사람을 바꾸는 건 환경이 아니라 깨달음 이후의 의지라는 것을 확인했다. 전환점은 멀리 있지 않았다. 스스로를 자각하는 순간, 바로 그 자리에 있었다.

그 이후로 나는 종종 이런 장면들을 보게 되었다. 어떤 기업은 고객이 떠날까 봐 조건을 걸고, 약관을 늘리고, 해지를 어렵게 만들었다. 단기적으로는 매출이 유지되는 듯 보였지만, 고객의 표정은 점점 굳어갔다. 남아 있던 사람들도 결국 떠났다. 마음이 먼저 떠난 뒤였기 때문이다.

반대로 어떤 기업은 언제든 떠나도 된다고 말했다. 불편하면 바꾸라고 했고, 맞지 않으면 쉬어 가도 된다고 했다. 놀랍게도 그 기업의 고객들은 쉽게 떠나지 않았다. 스스로 선택하고 있다는 감각이 있었기 때문이다.

나는 그 모습을 보며, 고등학교 시절의 교실을 떠올렸다. 억지로 붙잡아두던 교실에서는 아무도 집중하지 않았고, 스스로 선택하게 했던 교실에서는 오히려 결과가 좋아졌던 그 장면 말이다.

사람은 붙잡히면 벗어나려 하고, 존중받으면 머문다.

기업이 고객을 대하는 방식도 다르지 않았다. 설득하려 들수록 관계는 짧아졌고, 선택권을 고객에게 줄수록 관계는 길어졌다.

INSIGHT

사람은 강요받을 때 움직이지 않습니다.
스스로 선택했다고 느낄 때, 비로소 오래 남습니다.
느려 보여도 자율을 선택한 쪽이 결국 이깁니다.

05

친절은 가장 강한 전략이다

1989년 5월 초였다. 그날은 유독 아침 공기가 무거웠다. 등교를 하는데 교문 앞 게시판에 사람들이 몰려 있었다. 누군가 낮게 속삭였다.

"이철규 선배가 죽었대."

순간 귀가 멍해졌다. 선배는 늘 인사를 잘 건네고, 후배들에게 따뜻한 사람이었다. 그런 사람이 싸늘한 주검으로 수원지에서 떠올랐다는 말이 쉽게 믿기지 않았다.

학교는 이상할 만큼 조용했다. 하지만 그 조용함 속엔 설명하기 힘든 긴장감이 감돌았다. 며칠 밤을 새워 대자보를 썼다.

"진실을 밝혀라."

글씨는 삐뚤었지만 마음만은 곧았다. 대자보를 말아 안고 친구 두 명과 함께 광주 시내로 나갔다. 5월이었지만 밤 공기는 차가웠고, 손끝이 시렸다. 우리는 조심스레 대자보를 붙였다. 한참 열중하고 있을 때, 등 뒤에서 '딱' 하는 소리가 났다. 이어 누군가 내 어깨를 거칠게 잡았다. 경찰이었다. 그 길로 나는 광주 동부경찰서 유치장에 갇혔다.

차가운 쇠창살, 눅눅한 바닥, 회색 벽. 창문은 손바닥만 했고, 그 너머로 하늘이 겨우 보였다. 경찰들이 퇴근하는지, 멀리서 자전거 벨 소리가 희미하게 들려왔다.

그날 나는 자유는 눈에 보일 수 있다는 것을 깨달았다. 담장 하나를 사이에 두고 세상은 나뉘어 있었다. 담장 밖의 사람들은 하루를 마무리하고 있었고, 담장 안의 나는 하루를 빼앗긴 사람이었다. 유치장의 작은 창문 너머 하늘을 보며 나는 속으로 다짐했다.

'언젠가 사람들에게 보이지 않는 감옥을 보여주고 싶다.'

사람들이 스스로를 가두고 있는 두려움, 관성, 불친절 같은 것들 말이다.

다음 날, 정의구현사제단의 신부님이 찾아오셨다.

"겁먹지 말게. 진실은 언젠가 드러나네."

그 한마디가 이상하리만큼 따뜻했다. 그 말 덕분에 나는 버틸 수 있었다.

내가 천주교 신자가 된 건, 사실 이보다 조금 전의 일이었다.

위암 수술을 받은 어머니를 병실에서 처음 봤을 때, 세상이 멈춘 것 같았다. 나는 아무것도 할 수 없었고, 그저 무릎 꿇고 기도할 수밖에 없었다.

"살려만 주세요. 제가 뭐든 하겠습니다."

그 시절 신은 내게 '이야기를 들어주는 존재'였다. 매일 성당에 가서 기도인지 하소연인지 모를 말을 끊임없이 중얼거렸다. 보이지 않는 상대를 향해 마음을 다해 말을 걸었다.

돌이켜보면 그때도 나는 중요한 걸 배우고 있었다. 상대가 보이든 보이지 않든, 진심으로 말을 걸면 마음은 움직인다는 것을 말이다.

유치장에서 나왔을 때, 세상은 아무 일도 없었다는 듯 돌아가고 있었다. 하지만 집안 형편은 더 어려워졌고, 나는 닥치는 대로 일을 해야 했다. 노래방 청소, 포장마차 설거지, 건설 현장 잡부, 택시 운전. 겨울엔 손이 갈라졌고, 여름엔 먼지 속에서 땀을 흘렸다. 그래도 괜찮았다. 나는 일할 수 있었으니까.

그중에서도 가장 큰 깨달음을 준 건 택시 운전이었다. 대학 1학년이던 나는 면허를 따자마자 무작정 택시회사에 들어갔다.

지금 생각하면 무모했지만, 그때의 나는 절박했다. 밤 8시부터 다음 날 아침 8시까지 12시간 운전. 기본요금 500원이던 시절 합승은 당연했고, 광주의 밤거리는 경쟁이 치열했다.

그러던 어느 날, 인생을 바꾸는 강연을 들었다. 교토 MK택시의 유봉식 회장이 광주에 온 것이다. 작은 강당에 모인 택시 기사들 앞에서 그는 이렇게 말했다.

"우리는 고객을 태우는 게 아니라 모셔야 합니다. 손님이 아니라 '손님님'입니다."

그 말은 단순했지만 깊었다.

"대부분 고객을 돈을 내는 존재로만 봅니다. 그래서 응대는 하지만 모시지는 않습니다. 하지만 '손님님'이라고 부르는 순간, 우리는 돈이 아니라 사람을 대하게 됩니다."

그날 이후, 나는 합승을 하지 않았다. 손님이 많든 적든 한 번에 한 팀만 태웠다. 차 안엔 깨끗한 방석을 놓고, 클래식 라디오를 틀었다.

"어서 오십시오."

인사를 할 때도, 사소한 말을 건넬 때도 늘 미소를 잃지 않았다. 처음엔 동료들이 비웃었다.

"야, 그렇게 하다 굶어 죽는다."

하지만 이상하게도 내 수입은 줄지 않았다. 500원 거리를 가면서 1,000원을 내는 손님도 있었고, "잔돈은 됐습니다"라며 웃는 손님도 늘어났다. 그때 나는 고객은 가격보다 태도를 산다는 것을 느꼈다. 그 후 나는 스스로 목표를 하나 정했다.

'하루에 한 명에게 감동을 주자.'

어느 날 한 아주머니가 말했다. "기사님, 음악이 참 좋네요." 그 한마디로 나는 단순한 택시기사가 아니라 하나의 브랜드가 되었다는 것을 알았다.

그 시절, 나조차 몰랐을지 모른다. 하지만 분명한 건, 그때 이미 나는 고객 경험이라는 씨앗을 심고 있었다. 불친절이 당연하던 시대에 그 당연함을 깨뜨렸다.

마케팅은 그렇게 시작된다. 사람들이 참고 견디던 불편을, 누군가의 기쁨으로 바꾸는 순간에 말이다.

그날 이후의 나는 더 이상 이름 없는 기사가 아니었다. 간판도 없고, 광고도 없었지만 광주의 새벽 어딘가에는 분명 이런 말이 돌고 있었을 것이다.

"그 택시, 참 친절하더라."

INSIGHT

친절은 비용이 아니라 전략입니다.
가격이 아니라 태도가 기억될 때, 그 순간 브랜드는 만들어집니다.

06

인생은 모두 마케팅이었다

1993년 봄, 대학 3학년이 되자 마음이 급해졌다. 공부를 잘한 것도 아니었고, 공무원 시험 같은 현실적인 준비도 없었다. 아르바이트로 생활비를 벌며 하루하루를 버텼다. 졸업이 가까워질수록 한 가지 생각만 머릿속을 맴돌았다. '이대로는 안 된다.'

그 시절, 광주 출신이라는 이유만으로 보이지 않는 벽에 가로막히곤 했다. '광주 사람은 데모나 한다'는 선입견 속에서, 평범한 회사원이 되는 길은 처음부터 닫혀 있는 것처럼 느껴졌다.

그 즈음 아버지가 말했다.

"앞으로 10년 뒤, 세상은 중국이 흔들 거다."

중국을 한 번 가보는 게 어떻겠느냐는 말이었다. 결심은 했지만, 문제는 내가 중국어를 한마디도 하지 못한다는 거였다. 그래도 문은 열려 있었다. 1992년 한중 수교 이후, 나는 혼자서 베이징 우전대학 어학연수 비자를 준비했다. 유학원에서 아르바이트하며 배운 서류 처리 능력이 처음으로 인생에서 쓸모를 발휘했다.

1994년 4월 30일, 인천항에서 톈진행 여객선에 올랐다. 손바닥에는 볼펜으로 적은 문장 하나가 있었다. "게이 워 이 거 미판." 즉 '밥 한 그릇만 주세요.' 그 문장이 내 중국 생활의 첫 언어이자, 첫 생존 전략이었다.

38시간의 항해 끝에 도착한 톈진은 텅 비어 있었다. 공산 국가의 5월 1일. 노동절 연휴였다. 다행히 배에서 만난 신혼부부의 도움으로 베이징까지 차를 얻어 탔다. 그렇게 아무 연고 없는 도시에서의 삶이 시작됐다. 오전엔 수업, 오후엔 과외, 밤엔 질문 하나를 붙들었다. '무엇을 해야 먹고 살 수 있을까.'

그때 눈에 들어온 것이 베이징의 소형택시 '멘티面的'였다. 말이 택시지 승합차로 되어 있어 불편해 보였다. 여기에 한국이나 일본처럼 승용차형 택시를 도입하면 분명 승산이 있을 것 같았다. 한국에서 택시를 몰아본 경험 덕분에 시장의 구조는 보였다. 하지만 시작할 자본이 없었다.

그래서 다른 길을 택했다. 나는 학교 근처 식당들을 돌며 전단지 광고를 제안했다. 앞면은 식당 광고, 뒷면은 복사집에서 무료로 복사해주는 쿠폰처럼 쓰게 했다. 사람들은 '공짜 복사' 앞에서 뒷면의 광고를 따지지 않았다. 그때는 깨닫지 못했지만, 지금 돌아보면 그 순간이 내 인생 첫 번째 마케팅이었다. 언어가 아니라, 사람의 선택 구조를 건드린 첫 경험이었다.

하지만 아무리 바쁘게 살아도, 밤이 되면 부모님 생각이 밀려왔다. 나는 그전까지 부모님과 떨어져 살아본 적이 없었다. 군 복무도 방위로 근무하며 집에서 출퇴근했으니, 중국 생활은 처음 겪는 '완전한 분리'였다.

그 즈음 아버지에게서 편지 한 통이 도착했다.

"건강하였느냐? 네 엄마는 가끔 너와 비슷한 옷차림을 하고 지나가는 사람을 보면 너로 착각했다고 세 번이나 나한테 이야기했다. 마음속으로 얼마나 보고 싶겠느냐. 어른이라 울지도 못하고…. 우리는 성공한 사람들을 부러워하고 나도 그렇게 되기를 바란다. 그러나 성공의 기준은 사람마다 다르다. 세상을 살아가는데 사람마다 인생의 목표가 다르기 때문이다. (중략)

요즘 나는 책을 한 권 읽고 있는데 제목은 '성공하는 사람들의 7가지 습관'이다. 습관이 행동을 낳고 행동이 운명을 결정하기 때문에 평상시 좋은 습관이 성공을 낳는다는 것이다. 너에게 이야기해주려고 읽고 있다. 너도 언젠가 읽고 또 읽어보아라(필요하다면 소포로 보내줄 수도 있다). 그럼 건강하여라.

—94년 9월 2일. 아빠가."

편지를 다 읽고 나서 한참을 그대로 앉아 있었다. 눈물이 핑 돌았다. 보고 싶었다.

1년이 흐른 뒤, 나는 스스로에게 솔직해졌다.

'여긴 아직 내 무대가 아니다.'

그 무렵 일본이 눈에 들어왔다. 환율이 좋아 '돈 좀 벌어 오자' 하는 핑계도 있었다. 하지만 일본은 물가가 높았다. 맨몸으로는 아무 일도 할 수 없었다. 그래서 중국에서 안마사 자격증을 땄다.

일본에서 합법적으로 일할 수 있고, 수입도 괜찮다는 말을 믿고 1995년 5월 일본행 비행기에 올랐다. 도착하자마자 느낀 건 공기의 무거움이었다. 고베 대지진 이후, 도시는 여전히 얼어붙어 있었다. 안마 자격증은 아무 쓸모가 없었다.

나는 전단지 일을 시작했다. 자전거에 전단지 1만 장을 싣고 12시간씩 달렸다. 하루 2,000가구에 돌리면 월 300만 원 남짓이 돌아왔다. 하지만 체력도, 마음도 빠르게 닳아갔다.

그러던 어느 저녁, 해가 뉘엿뉘엿 질 무렵이었다. 갑자기 불어온 바람에 전단지가 허공으로 흩날렸다. 수천 장의 종이가 노을 빛 속에서 하얗게 날아올랐다. 허탈하게 자전거를 세워놓고 한 장 한 장 주워 담았다. 그중에 피자 전단지가 눈에 들어왔다. 피자 사진이 담긴 그 종이를 보는 순간, 가슴속에 쌓였던 모든 감정이 터져 나왔다.

중국에서의 실패, 황량한 거리의 공기, 아무도 모르는 곳에서 버텨온 외로움. 그 모든 게 한꺼번에 밀려왔다. 나는 길가에 주저앉아 한참을 울었다. 전단지들이 바람에 스쳐가는 소리가 마치 지나온 시간들이 흩어지는 소리 같았다.

얼마 뒤, 전단지 돌리는 일을 그만두고 세탁소 배달 일을 시작했다. 오토바이를 타고 세탁물을 수거하고, 수선된 옷을 배달했다. 주 고객은 술집에서 일하는 여성들이었다. 그들은 아침마다 맨얼굴로 세탁물을 내놓았고, 대부분 담배 냄새를 없애기 위해 매일 드라이를 맡겼다. 그들의 얼굴을 보며 문득 중국 동인당 약방에서 봤던 술 해독제와 진주가루 화장품이 떠올랐다. 이게 나의 첫 사업 아이디어였다.

중국에 있는 지인에게 소포로 샘플을 받아서 한국인 생활잡지 〈월간 신동경〉 대표를 찾아가 제안했다.

"지금은 돈이 부족해 광고비는 못 냅니다. 대신 매출의 절반을 드리겠습니다."

그는 내 눈빛을 보더니 크게 묻지 않고 수락했다. 잡지 첫 장에 제품 사진과 효능, 판매 전화번호, 직원 모집 내용까지 담긴 광고를 실었다.

결과는 놀라웠다. 광고가 나가자 전화가 폭발했다. 그리고 3개월 만에 1억 원을 벌어들였다. 그 시절의 1억 원은, 지금의 부동산 가치 상승으로 보면 몇십억 원에 해당한 큰돈이었다. 나는 약속대로 5,000만 원을 대표에게 드렸다. 그는 믿기지 않는 듯 물었다.

"정말 이 돈을 주는 거예요?"

나는 웃으며 답했다.

"약속은 약속이니까요."

그날 저녁, 대표는 내게 식사를 대접하며 물었다.

"중국 얘기를 많이 하시네요. 다시 가보실래요? 내가 투자할 테니, 수익은 5대 5로 합시다."

놀라운 기회였다. 나는 곧장 한국으로 돌아와 비자를 준비했다. 하지만 예상치 못한 난항이 있었다. 부모님이 믿지 않으신 거다.

"사기다. 너한테 그런 제안을 누가 하겠냐."

결국 대표님께 죄송하다고 말하고, 그 기회를 포기했다.

지금도 아쉬운 기억이다. 다만 그때 그 일에서 한 가지만은 분명히 배웠다. 약속을 반드시 지켜야 한다는 것이다.

광고비 대신 매출의 절반을 드리겠다고 말했을 때, 그 약속은 계약서보다 먼저 내 마음에 새겨졌다. 그래서 나는 한 치의 망설임도 없이 돈을 건넸다. 그 순간 돈은 내 손을 떠났지만 신용은 내 편이 되었다. 그리고 바로 그 신용이, 더 큰 기회를 데리고 돌아왔다. 투자 제안은 갑자기 찾아온 행운이 아니었다. 지켜낸 약속이 만든 결과였다.

비록 그 기회를 끝내 잡지는 못했지만, 그 경험은 내 안에 분명한 기준 하나를 남겼다.

'기회는 한 번 스쳐 지나갈 수 있지만, 신용은 그 기회를 다시 데리고 온다는 걸 기억하자.'

이후로 나는 수없이 많은 사업의 시작과 끝을 보았다. 아이디어는 많았지만 약속을 가볍게 여긴 사람들은 오래가지 못했다. 반대로 조건이 불리해도 말을 지키는 사람, 손해처럼 보여도 신용을 먼저 선택한 사람들은 시간이 걸려도 다시 성장했다.

INSIGHT

기회는 우연처럼 오지만, 신용은 반드시 다시 기회를 데려옵니다.
그래서 인생도, 사업도 약속을 지키는 순간부터 달라집니다.

07

신용은 있었고, 언어는 없었다

내게 찾아온 기회를 그렇게 놓치고 나서도, 내 마음속 불씨는 꺼지지 않았다.

나는 일본에서 번 돈을 들고 다시 베이징으로 향했다. 일본에서의 경험은 내게 이상한 자신감을 줬다. 이제는 뭐든 해볼 수 있겠다는 감각이었다.

베이징에 도착해보니, 도시의 공기가 달라져 있었다. 불과 1년 남짓한 시간 사이에 사람도, 거리도 조금씩 바뀌어 있었다. 나는 이전과 달리 의식적으로 도시를 관찰하기 시작했다.

새벽의 시장, 마작판이 끝나지 않은 늦은 밤의 골목, 술집 불빛마저 꺼진 새벽 3시의 거리까지 그 모든 장면에 공통점이 있었다. 사람은 많은데, 열려 있는 가게가 없다는 거였다.

그 순간, 머릿속에 섬광처럼 생각 하나가 스쳤다. 일본에는 있고, 베이징에는 없는 것. 바로 24시간 편의점이었다.

나는 장사의 구조를 어릴 때부터 보고 자랐다. 할아버지와 아버지가 대를 이어 슈퍼마켓을 하셨다. 그래서 나는 사람들이 말하는 '장사가 안 되는 시간'이라는 개념을 믿지 않았다. 그건 장사가 안 되는 시간이 아니라, 팔 기회를 놓친 시간에 가까웠다.

중국에서는 사람들이 밤새 마작을 하고, 새벽에도 거리를 다녔다. 그런데 그 시간에 필요한 물건을 살 곳이 없었다. 그때 확신했다. 이건 불편함이 아니라, 비어 있는 시장이다. 생각이 거기까지 이르자 모든 게 빠르게 연결됐다.

'사람들이 잠든 시간에도 세상은 돌아간다. 그 시간을 잡는 사람이 시장을 갖는다.'

내 인생 첫 번째 '전략 문장'이 그때 완성됐다.

사업 조건도 놀라울 만큼 좋았다. 인건비는 한 달 3~5만 원 수준, 권리금은 없었다. 중국은 집세를 1년 치씩 내는 '년세年貰' 문화라 월세 부담도 없었다. 도매상에서는 한 달 이상 외상 거래도 가능했다. 현금이 없어도, 신용만 있으면 시작할 수 있는 구조였다.

나는 며칠 밤을 새워 사업계획서를 썼다. 일본에서 본 편의점 구조, 매출 시뮬레이션, 인건비 계산, 진열 도면까지 모든 준비를 마치고 〈월간 신동경〉 대표에게 국제전화를 걸었다.

"이 사업은 반드시 됩니다."

잠시 침묵이 흐른 뒤, 그는 짧게 대답했다.

"좋아요. 해보세요."

그리고 다음 날, 아버지 통장으로 1억 원이 송금됐다.

모든 것이 이제 시작되는 것처럼 보였다. 하지만 일이 꼬였다. 송금 내역을 확인한 아버지는 단단히 오해하셨다.

"이 돈, 혹시 북한에서 온 거 아니냐?"

일본에서 송금된 거액, 그리고 내가 학창 시절 데모를 했던 기억이 겹치며 아버지는 최악의 상상을 하셨다. 결국 아버지는 국가안전기획부에 신고했고, 그들은 "일단 송금 받은 곳으로 다시 돌려주라"고 했다. 아버지는 내게 돈을 보내지 않고, 그대로 〈월간 신동경〉 대표님께 돌려보냈다.

나는 베이징에서 모든 준비를 끝내고 기다리고 있었다. 점포 위치, 인테리어 도면, 인력까지 다 맞춰둔 상태였다. 그런데 자금이 사라졌다.

이건 겪어본 사람만 안다. 세상에서 가장 잔인한 실패는 기회가 보이는데, 손을 뻗지 못하는 실패라는 걸 말이다.

나는 며칠 동안 아무 말도 할 수 없었다. 그리고 분노보다 더 크게 남은 건 질문이었다.

'왜 이런 일이 벌어졌을까?'

답은 오래 지나지 않아 분명해졌다. 사업은 아이디어로 움직이지 않는다. 신뢰로 움직인다. 그리고 그 신뢰를 만드는 것이 언어였다. 나는 투자자를 설득했다. 하지만 가장 가까운 사람, 아버지를 설득하지 못했다. 내게 부족했던 건 돈이 아니라, 세상이 이해할 수 있는 언어였다.

좋은 아이디어가 있었다. 함께하겠다는 사람도 있었다. 하지만 그걸 믿게 만들 말이 내게는 없었다.

1996년 봄, 나는 다시 한국으로 돌아왔다. 스물여섯의 나이, 손에는 아무것도 없었다.

그래도 빈손은 아니었다. 그때 나는 아주 중요한 사실 하나를 몸으로 배워 돌아왔다.

세상은 말로 움직인다는 것. 아무리 좋은 생각이라도, 사람들이 이해하지 못하면 없는 것과 같다는 것이다.

그때 비로소 알았다. 신용은 혼자 쌓는 게 아니라, 설명되고 설득될 때 비로소 힘을 갖는다는 걸.

말은 그냥 말이 아니었다. 말은 신용이었고, 그 신용이 모여 시장이 되었다. 그날 이후로 나는 이렇게 믿게 되었다.

'세상은 말을 많이 하는 사람의 것이 아니라, 사람들이 고개를 끄덕이게 만드는 사람의 것이다.'

INSIGHT

아무리 좋은 제품도 설득되지 않으면 존재하지 않습니다.
사업은 아이디어가 아니라, 진실한 언어에서 시작됩니다.
그래서 나는 말부터 바꾸기 시작했습니다.

2장

신뢰는 말이 아닌 마음으로 쌓인다

08

팔지 않고도 팔리는 법

중국에서의 사업이 무산된 후, 나는 이제 무엇을 해야 할지 막막했다. 그러다 문득 한국에서 보내온 신문 한 귀퉁이에 눈길이 머물렀다. 중국에 있을 때 아버지는 가끔 편지와 함께 신문을 모아서 보내주셨는데, 그날따라 한 문장이 유난히 눈에 들어왔다.

'사료 영업사원 모집—비전공자도 지원 가능'

'비전공자도 지원 가능'이라는 문장은 뇌리에 콱 박혔다. 마치 구명줄 같았다. 나는 더 고민하지 않고 중국 생활을 정리한 뒤 한국으로 돌아와 그 회사에 이력서를 제출했다.

며칠 뒤, 서류 합격 통보가 왔다.

면접을 위해 서울행 기차에 올랐을 때 이상하게도 긴장은 되지 않았다. 오히려 평정심이 들었다. 면접 장소에 도착해 옷 매무새를 단정히 하고 거울을 봤다. 거울 속 내 눈매는 그 어느 때보다 말끔해 보였다.

나는 자신 있게 면접장 문을 열고 들어갔다. 차분히 면접을 이어가다가, 이런 말을 했다.

"저는 꼭 이 회사에서 성공하겠습니다. 하지만 때가 되면 제 사업을 하러 나가겠습니다."

그 말을 뱉은 순간, 면접관들의 표정이 굳는 게 느껴졌고, 회의실 공기가 잠깐 얼어붙었다. 면접이 끝나자마자 후회가 밀려왔다. '그 말을 왜 했을까. 너무 솔직했나.' 그런데 결과는 뜻밖이었다. 총 네 명이 합격했고, 나는 그중 유일한 비전공자였다.

내가 입사한 곳은 1966년에 설립된 한국 최초의 배합사료회사, 랄스톤 퓨리나 코리아Ralston Purina Korea였다. 지금 돌이켜보면, 나를 뽑은 이유는 아마도 중국 경험 때문이었을 것이다. 그때는 퓨리나 미국 본사가 중국 사업을 확장하려던 시기였고, 퓨리나 코리아가 그 역할을 맡고 있었기 때문이었다고 생각한다.

1996년 4월 1일, 만우절. 거짓말처럼 첫 출근을 했다. 출근하자마자 호남 지역 담당 이사님이 말했다.

"목포로 미팅 가자."

다소 긴장한 채 차에 올랐는데, 양복 차림에 머리엔 무스를 한껏 바른 내 모습을 보시더니 이사님이 물으셨다.

"자네, 그 머리하고 양복 차림으로 농장 가면 뭐라고 하겠나?"

그 한마디에 머리가 띵했다. 그건 단순한 복장 지적이 아니었다. '내가 보여주고 싶은 나'와 '고객이 보고 싶은 나'는 다르다는 말이었다. 나는 농장을 향해 가고 있었지만, 농부의 시선을 미처 헤아리지 못하고 있었다. 그날 이후 퇴사할 때까지 나는 단 한 번도 머리에 무스를 바르지 않았다.

퓨리나의 트레이닝은 혹독했다. 전공자는 6개월, 나는 비전공자라 1년 동안 받았다.

첫 6개월은 농장에서 진행됐다. 산란계, 젖소, 육계, 한우, 돼지 농장에서 한 달씩 먹고 자며 일했다. 그중에서도 가장 기억에 남는 곳은 김제의 한 돼지 농장이다.

분만실은 새벽부터 움직였다. 돼지는 수정 후 정확히 114일이면 새끼를 낳는다. 같은 시기에 교배된 어미들은 거의 같은 날 동시에 분만했다. 분만의 날, 새벽 어둠이 채 가시기도 전에 나는 분만실 문을 열고 들어갔다. 어미에게 깔려 죽은 새끼는 없는지, 젖을 물지 못해 울고 있는 녀석은 없는지 하나하나 확인했다. 분만실은 새끼들을 위해 가장 따뜻하고 깨끗하게 유지

됐다. 바닥에 줄지어 누워 젖을 빠는 새끼들의 모습은 이상할 정도로 평화로웠다. 새끼 돼지들을 바라보다 문득 이런 생각이 들었다.

'나도 저 돼지 새끼면 좋겠다.'

그만큼 몸이 지쳐 있었다. 지금 생각하면 웃음이 나지만, 그때는 정말로 새끼 돼지가 부러웠다.

낮에는 분만실을 청소했고, 밤에는 사료를 퍼 나르며 새끼들의 체온이 떨어지지 않게 지켰다. 냄새는 옷에 배었고, 신발 밑창은 늘 돼지 분뇨로 눅눅했다. 하지만 그곳에서 나는 '현장을 존중한다'는 게 무엇인지 배웠다. 책으로 배운 축산 이론보다 어미 돼지의 숨소리, 새끼의 울음 소리, 사료 먹는 소리가 훨씬 많은 걸 가르쳐줬다.

다음 6개월은 경영 교육, 축산 이론, 영업 실무 트레이닝이었다. 농장과 이론, 현장과 데이터. 그 둘을 동시에 익히는 1년이었다.

마침내 입사 1년 차, 나는 퓨리나의 상징인 빨간색 체크무늬 넥타이를 받았다. 우리는 그걸 '빨간 물이 들었다'고 불렀다.

그날은 마치 졸업식 같았다. 나는 그제야 '조직의 구성원'이자 '현장인'이 되었다.

내 첫 부임지는 중국 푸순撫順이었다.

내게 부여된 첫 과업은 현지에서 뽑은 중국인 신입사원 10명을 교육하고, 사료 판매를 이끄는 일이었다. 나 역시 현장에서 사료를 한번도 팔아본 적이 없을 때였다. 그런 내가 사람들에게 사료를 파는 법을 가르쳐야 했다. 막막했지만 해내야 했다.

부임지로 출발하기 전, 본사에서는 나와 교육생 10명의 한 달 치 생활비를 지급했다. 나는 호텔 숙박비 기준이었고, 중국 신입사원들은 10명이 함께 숙소를 쓰는 여관 숙박비 기준이었다.

차량 두 대로 푸순에서도 멀리 떨어진 농촌 도시로 들어갔다. 우리는 가장 먼저 직원들이 머물 숙소부터 찾았다. 회사에서 받은 예산으로는 에어컨이 있는 곳은 선택지에 없었다. 선풍기조차 없는 방이었다.

그날 밤, 직원들은 그곳에 남았고, 나 혼자 호텔로 돌아왔다. 에어컨이 켜진 방에 들어서자 시원한 공기가 몸을 감쌌다. 그런데 이상하게 마음은 더 답답해졌다. 침대에 누웠지만 잠이 오지 않았다. '지금 그 더운 방에서 저 사람들은 어떻게 자고 있을까?' 하는 생각이 머리를 떠나지 않았다. 그리고 마음속에서 질문 하나가 떠올랐다.

'내가 이 사람들을 이끌 자격이 있을까?'

다음 날 아침, 나는 직원들을 불러 솔직하게 말했다.

"이 돈은 내가 회사에서 받은 숙박비다. 한 달 동안 호텔에서 지낼 수 있는 금액이다. 이 돈으로 열흘은 함께 호텔에서 지내고, 나머지 스무 날은 나도 여러분과 함께 여관에서 자겠다."

그 순간 직원들 사이의 공기가 달라졌다. 표정이 바뀌었고, 신뢰의 눈빛을 보낸 직원도 있었다. 그때 나는 사람을 움직이는 건 말이 아니라, 함께 불편을 감수하려는 태도라는 것을 깨달았다.

그날 이후 우리 팀은 하나가 되었다. 30일은 짧았지만, 서로 말이 통했고 엄청난 성과를 냈다.

나는 직원들에게 한 가지 훈련만 제안했다.

'관찰하기.'

며칠 동안 닭장을 지켜보게 했다. 그 지역에는 대규모 농장은 없었지만, 닭 300마리씩 기르는 소규모 농가가 수천 곳 있었다. 모두 합하면 100만 마리가 넘는 시장이었다. 그런데 산란률이 유독 낮았다. 농민들은 그걸 당연하게 여겼다.

며칠간 관찰한 끝에 우리는 원인을 찾았다. 사료가 아니라, 물통이었다. 물은 담겨 있었지만 닭은 마시지 못하고 있었다. 닭은 하루에 약 250그램의 물을 마셔야 제대로 알을 낳는다. 그래서 우리는 물통의 깊이를 낮췄다.

그렇게 하자 며칠 뒤부터 계란이 쏟아졌다. 그 후 마을에서 우리는 무엇이 필요한지 먼저 찾아준 사람들로 인식되었다. 우리는 사료 이야기를 꺼내지 않았다. 대신 정말 그들에게 필요한 것이 무엇인지부터 살폈다. 그래서 물통부터 고쳤고, 닭이 물을 마시게 만들었고, 마침내 알이 나오게 만들었다.

그다음 일은 우리가 한 일이 아니었다. 농가들이 스스로 움직이기 시작했다. 그때 나는 사람은 설득당해서 움직이지 않으며, 자기 문제가 해결됐다고 느끼는 순간, 스스로 찾아온다는 것을 분명히 알았다.

팔지 않겠다고 마음먹는 건 기회를 포기하는 일이 아니었다. 오히려 기다릴 줄 아는 선택이었다.

그날 이후로 나는 영업을 이렇게 정리하게 되었다.

'팔지 마라. 팔리게 하라.'

INSIGHT

내 입장이 아니라, 상대의 입장에 서서 관찰하십시오.
그들의 눈높이에서 무엇이 필요한지 찾아 먼저 해결해주십시오.
그러면 선택은 설득 없이도 찾아옵니다.

09

머리보다 가슴으로 일하다

중국에서 신입사원들과 시골을 누비며 사료를 팔고 있던 어느 날, 갑자기 한국으로 복귀하라는 명령이 떨어졌다. 입사한 지 6개월 만이었다.

첫 한국 부임지는 전북 전주·완주·군산·익산 지역. 직급은 '지역 차장'이었다. 퓨리나는 영업사원이면 신입이라도 모두 차장으로 시작한다. 본부 직군이 차장으로 승진하기까지는 20년이 걸리지만, 현장은 직급보다 성과로 말하는 조직이었다.

갑작스러운 발령에는 이유가 있었다. 그 지역을 맡고 있던 지역 부장이 갑자기 퇴사한 것이다. 공석이 생긴 자리를 채울 사람이 필요했고, 중국에서 짧은 시간 안에 성과를 낸 내 실적이 눈에 띈 것이었다.

나는 한국으로 돌아오자마자 전주에 11평짜리 임대 아파트를 얻었다. 짐이라고 해봐야 가방 몇 개뿐이었다. 짐을 풀자마자 곧바로 지역 대리점 사장님들을 찾아다니기 시작했다.

처음 만난 사장님들의 표정은 하나같이 지쳐 있었다. 판매량은 이미 바닥을 찍은 상태였고, 본사와의 계약 해지까지 고민하는 곳도 있었다. 대리점을 몇 군데 돌고 나서야 왜 전임자가 갑자기 떠났는지 알 것 같았다. 사료가 안 팔리는 문제가 아니라, 농장이 돈을 못 버는 구조가 문제였다. 나는 중국에서 했던 방식 그대로, 가장 기초부터 다시 시작하기로 마음먹었다. 그리고 대리점 사장님들께 이렇게 말했다.

"사료를 팔지 맙시다. 대신 농장의 생산성을 함께 올려봅시다."

여기에 스스로 두 가지 철칙을 세웠다.

첫째, 술로 팔지 않는다. 술로 맺은 거래는 결국 술로 잃는다.

둘째, 외상으로 팔지 않는다. 외상은 신뢰가 아니라, 이미 농장이 어렵다는 신호이다.

내 목표는 외상 거래처를 선입금으로 사료를 구매하는 건강한 농장으로 바꾸는 것이었다. 이런 과정이 반복되자, 변화는 천천히 그러나 분명하게 나타났다. 농장의 생산성이 올라가고, 농장주들의 표정이 달라졌으며, 그 변화는 고스란히 대리점 판매량 증가로 이어졌다.

사료 영업은 겉으로 보면 이과의 영역이다. 성분, 배합, 수치, 데이터의 조합이다. 하지만 실제 현장에서는 전혀 다르다. 사료 영업은 이과 제품을 문과 감성으로 파는 일이었다. 과학적 근거 위에 사람의 마음이 얹혀질 때, 비로소 농장주는 움직였다. 비전공자인 내가 이과 제품을 상대적으로 더 잘 팔 수 있었던 이유도 바로 그 지점에 있었다. 나는 사료를 설명하기보다 농장주의 이야기를 먼저 들었다. 숫자보다 고민을 먼저 물었다. 그리고 언제나 같은 질문으로 시작했다.

'지금 이 농장에 가장 먼저 필요한 건 무엇일까.'

나는 대리점 사장님들과 함께 농장을 다닐 때를 제외하면 대부분 혼자 움직였다. 원래 내성적인 사람이었고, 초등학교 때까지 어머니의 엄한 훈육 아래 자랐기에 낯선 사람 앞에 서는 걸 어려워했다. 그건 지금도 크게 다르지 않다. 그래서 낯선 농장을 처음 방문할 땐, 항상 차 안에서 심호흡을 몇 번씩 하며 마음을 다잡았다.

'괜찮다. 오늘도 진심으로 대하면 된다.'

그렇게 마음을 단단히 먹고, 농장의 문을 열었다.

시골 농장을 다니다 보니 나만의 작은 노하우가 생겼다.

시골 농장은 대개 낮에는 무척 바쁘다. 낮에 처음 보는 영업사원이 찾아가면 "나중에 오소"라는 말과 함께 돌아서기 일쑤였다. 무관심해서가 아니라, 그만큼 일이 많고 바쁘기 때문이었다. 그래서 전략적으로 해 질 무렵 농장을 찾았다.

하늘이 뉘엿뉘엿 붉게 물들 무렵이면 하루의 고단함을 내려놓은 사람들의 마음도 조금은 느슨해진다. 그만큼 낯선 사람에게도 부드러워진다.

"안녕하세요. 이번에 새로 부임한 퓨리나 사료 김회수 차장입니다."

그 한마디에 처음엔 경계하던 농장주도 이내 표정이 풀렸다. 이야기가 오가고, 밥시간이 다가오면 대부분 이렇게 말했다.

"밥 먹고 가요."

그 말이 들리면 나는 늘 웃으며 대답했다.

"예, 감사합니다."

식탁 위에는 땀 냄새와 정이 함께 올라왔다. 나는 밥을 먹으면서도 절대 사료 이야기를 꺼내지 않았다. 대신 날씨 이야기, 자식 이야기, 소 값 이야기, 마을 이야기를 나눴을 뿐이다. 밤이 깊어질수록 대화는 점점 사람 냄새로 채워졌다. 늦은 밤이 되면 가끔은 이런 말도 들었다.

"이 시간에 어디 가요. 그냥 자고 가요."

그러면 나는 말없이 방 한쪽에 자리를 폈다. 그리고 다음 날 새벽, 농장주보다 먼저 일어나 두 팔을 걷고 일손을 거들었다. 그 순간부터 나는 영업사원이 아니라 가족이 되었다.

또 다른 전략으로 주말에 농장을 찾았다. 농장은 평일과 주말이 따로 없다. 닭이 토요일에 쉬고 월요일에 몰아서 알을 낳지 않는다. 하지만 대부분의 영업사원은 주말에 농장을 돌지 않았다. 그래서 그 틈을 선택했다.

주말 오후, 농장에 도착하면 농장주는 꼭 이렇게 말했다.

"아이고, 김 차장. 주말인데 쉬지도 않고 왔소?"

그 한마디에서 신뢰가 시작되었다. 그 말을 들으면 늘 웃으며 말했다.

"제가 무슨 영업사원입니까."

그런 일이 반복되자 사람들은 더 이상 나를 '사료 파는 사람'으로 보지 않았다. 그렇게 가족이 되어갔고, 그 과정이 이어질수록 신뢰는 자연스럽게 쌓여갔다.

나는 사료를 계약하면서도 단 한 번도 '판다'는 생각을 한 적이 없다. 내 머릿속엔 오직 하나, '이 농장을 부자로 만들어야 한다'는 미션만 있었다. 함께 있는 사람들이 부자가 되면 언젠가 나도 자연히 부자가 되어 있을 거라 믿었다. 그리고 그 믿음은 틀리지 않았다.

1999년, 스물아홉 살이던 나는 입사 3년 만에 퓨리나코리아 영업왕이 되었다. 그해 연봉은 1억 원이 넘었다. 지금도 큰 금액이지만, 그 시절엔 상상하기 어려운 숫자였다.

하지만 내게 연봉 1억 원은 돈의 가치보다 더 중요한 걸 알려주었다. 그 돈은 결코 '사료를 팔아서' 얻은 것이 아니다. 그건 사람의 마음을 얻고, 진심을 다했기에 따라온 결과였다. 그렇게 나는 무엇이 진짜 중요한 가치인지 온몸으로 배우게 되었다.

INSIGHT

사람들과 관계를 맺을 때는 머리보다 가슴으로 대하십시오.
사람은 계산하지 않는 진심에 움직입니다.

10

눈 내리는 새벽에 만들어진 신뢰

내가 계약을 성사시킨 기록 중 가장 빠른 건 한 시간 만이었고, 가장 긴 건 여섯 달이 걸렸다. 그 두 농장은 지금도 내 기억에 선명히 남아 있다.

가을이 끝나가던 어느 날, 함평의 한 농장을 찾았을 때였다. 마당에 들어서자 사모님과 몇몇 농장 직원들이 계란판에 계란을 담고 있었다.

"안녕하세요. 퓨리나 사료의 김회수입니다."

"아, 사장님은 밖에 나가셨어요."

나는 잠시 머뭇거리다 말했다.

"그럼 인사만 드리고 가겠습니다."

그렇게 말하고는 일이 끝날 때까지 조용히 기다렸다. 사모님은 일을 마친 뒤 마루에 앉았다. 나는 그 옆에 조심스레 앉아 말을 건넸다. 사료 이야기는 하지 않았다. 사료와는 전혀 상관없는 자식 이야기, 농장 이야기, 살아가는 이야기였다. 우리는 그렇게 30분 넘게 이야기를 나눴다. 사람 냄새가 공기처럼 스며들 무렵, 나는 조용히 말을 꺼냈다.

"사모님, 사료를 바꾼다는 건 단순히 먹이를 바꾸는 게 아닙니다. 농장의 수익 구조를 바꾸는 일입니다. 농장을 정말 부자로 만들어 드리고 싶습니다."

그 말을 하며 나도 모르게 두 손을 꼭 마주 쥐고 있었다. 손바닥이 달아올랐고, 심장이 벅차게 뛰는 게 느껴졌다.

'이게 피가 끓는다는 거구나.'

그 마음이 전해졌을까. 사모님은 한참을 나를 바라보더니 짧게 말했다.

"그럼, 내일 사료 한번 넣어보세요."

그날 열정은 설명보다 먼저 전해진다는 걸 알았다. 사람은 말을 믿기 전에, 온도를 먼저 느낀다는 것을 말이다.

그 무렵, 닭에게 치명적인 바이러스가 퍼졌다. 방제할 수 있는 백신 분무기는 전국에 단 두 대뿐이었고, 그중 한 대를 어렵게 확보했다. 그날부터 나는 내 고객이든 아니든 가리지 않고 새벽부터 밤까지 백신 분무기를 들고 농장을 돌았다.

닭 울음과 기계음이 뒤섞인 현장에서 어떤 계산도 필요하지 않았다. 다만 한 가지는 확신할 수 있었다. 퓨리나 사료를 파는 김회수는 잊힐지 몰라도, 이 어려움을 함께 해결하려 뛰어든 인간 김회수는 기억될 거라는 것을 말이다.

함평 농장은 다음 날 새벽 6시 방문 일정이었다. 그런데 전날 밤, 씻고 나오니 창문 밖이 하얗게 변해 있었다. 폭설이었다. 기상특보에 대설주의보가 떴고, 도로는 이미 마비 상태였다.

'내일은 못 가겠구나.' 잠깐 그런 생각이 스쳤다. 하지만 곧 다른 목소리가 마음속에서 올라왔다. '아니다. 지금 가야 한다.' 나를 기다릴 사람을 떠올리니 한시도 지체할 수 없었다.

밤 11시, 주저 없이 시동을 걸었다. 눈이 너무 많이 내려 와이퍼는 제대로 움직이지 않았고, 앞은 불빛조차 희미했다. 이미 얼어붙은 도로 위에서 타이어가 미끄러질 때마다 심장이 덜컥 내려앉았다.

차 안은 고요했지만 내 안에서는 무언가 불처럼 타오르고 있었다.

'약속은 반드시 지켜야 한다.'

날씨 때문에 못 가도 아무도 뭐라 하지 않을 상황이었지만, 오히려 더 오기가 생겼다. 감동이란 언제나 기대하지 않았을 때 찾아오지 않던가.

함평으로 향하는 사이 눈발은 점점 굵어졌다. 표지판은 사라지고, 앞차의 후미등조차 흐릿해졌다. 그때 갑자기 한 대의 트럭이 눈길에 미끄러지며 옆으로 돌았다. 나는 본능적으로 핸들을 틀었고, 내 차는 보도블록 가장자리에 걸렸다.

심장이 터질 듯 뛰었지만 멈출 수는 없었다. 다시 마음을 가다듬고 앞이 보이지 않는 길을 조심스럽게 달렸다. 라디오에서는 도로 통제 소식이 흘러나왔지만 여기서 멈출 수는 없었다. 그렇게 눈발 사이로 새벽빛이 비칠 즈음, 함평에 도착했다.

시계는 새벽 6시를 가리키고 있었다. 평소 한 시간이면 되는 길을 일곱 시간이나 달려온 것이다. 차 문을 열려고 하니 눈이 무릎까지 쌓여 문조차 쉽게 열리지 않았다. 농장 사장님, 사모님은 나를 보자 말을 잇지 못했다.

"아니… 이런 날씨에 왔어요?"

나는 말없이 고개를 끄덕이고 백신 분무기를 꺼냈다. 기계에서 피어오르는 하얀 안개 속에서 닭들은 조용히 숨을 고르고 있었다. 그 순간 내 손끝은 이상하리만큼 따뜻했다. 그건 약속의 체온이었다.

작업을 마치자 사모님이 말했다.

"고생했어요. 방에 밥 차려놨어요."

안방 상에는 김이 모락모락 나는 밥과 굴비, 보통 아침상에서는 보기 힘든 음식들이 놓여 있었다. 그 한 끼는 내 인생 마케팅 교본의 한 페이지가 되었다.

그 이후로 그 사모님은 내 고객이자, 은인이 되었다. 사업 초기에 자금을 도와주셨고, 중간에 자금이 막힐 때마다 "사모님, 저 2억만 빌려주세요." 그 말 한마디면 묻지도, 따지지도 않고 돈을 빌려주셨다.

그 신뢰는 돈으로 산 것이 아니었다. 눈보라를 뚫고 약속을 지켜낸 시간으로 얻은 것이었다. 그날 이후 나는 확신했다.

신뢰는 브랜드의 자산이다. 한번 쌓인 신뢰는 모든 제품보다 오래 남는다. 돈은 잃어도 다시 벌 수 있다. 하지만 신뢰는 돈으로도 살 수 없고, 잃으면 쌓기는 더 어렵다.

INSIGHT

약속은 비용이 아니라 자산입니다.
신뢰는 시간을 들여 쌓을 수 있을 뿐 돈으로는 살 수 없습니다.

11

꾸준함이 결국 마음을 움직인다

이제 내가 만난 농장 중, 계약까지 가장 오래 걸린 곳의 이야기를 해보려 한다.

전남 곡성, ○○축산의 장 대표님. 지금도 내가 가장 존경하는 사람 중 한 분이다. 그분은 말 그대로 닭을 사랑하는 사람이었다. 닭의 상태를 하루도 빠짐없이 기록했고, 농장은 언제 가도 먼지 한 톨 없이 정돈돼 있었다.

"농장 관리는 하루라도 비면 안 돼. 닭은 사람보다 예민혀."

그 말이 늘 입에 붙어 있었다. 심지어 자식이 아파도 병원 가는 걸 미루셨다. 그분의 인생 우선순위는 늘 닭이었다. 농장이 삶이었고, 닮은 자식이었다.

그런 분을 처음 만난 날, 나는 감히 사료 이야기를 꺼내지 못했다. 대신, 커피믹스를 타 주시는 모습을 멍하니 바라봤다. 대표님은 웃으며 말했다.

"이거 한 봉으론 싱거워. 진해야 쓰지."

그는 봉지를 탁 뜯어 컵에 털어 넣고, 물을 붓고 티스푼으로 몇 번 휘휘 저었다. 그러곤 한 스푼을 떠서 간을 보았다.

"음… 아직 밍밍하네."

말이 끝나기 무섭게 커피믹스를 한 봉 더 뜯어 컵에 털어 넣고, 방금 입에 넣었던 그 스푼으로 다시 한번 휘저었다. 그러고는 아무렇지 않게 내 앞에 컵을 내밀었다.

"잡솨봐요."

그 순간, 나는 얼어붙었다. '어… 방금 그 스푼….' 머릿속이 하얘졌지만, 이미 사양할 타이밍은 놓친 후였다.

대표님의 얼굴엔 조금의 계산도 없는, 순수한 미소만 있었다. 결국 나도 따라 웃으며 컵을 받아 들었다. 커피향보다 더 진하게 남은 건, 사람의 온기였다. 그날은 조금 낯설었지만, 지금 생각하면 웃음이 난다. 그게 바로 시골의 정이었다. 불편함이 아니라, 사람 냄새 나는 거리.

그날부터 우리는 이미 마음의 거리를 조금씩 좁히고 있었다.

하지만 현실은 냉정했다. 그분의 농장은 이미 완벽했다. 생산성, 위생, 효율까지 어느 하나 흠잡을 데가 없었다. 솔직히 말해 내가 끼어들 자리는 없어 보였다. 그래서 '이분은 논리로는 설득이 안 된다. 시간으로 만나야 한다'라고 생각했다.

그때부터 내 전략은 단순했다. '매주 목요일, 오후 3시. 그 요일, 그 시간에만 찾아간다. 단 한 번도 예외 없이.' 어쩔 땐 30분 먼저 도착해 차 안에서 시계를 보며 기다렸다. 그리고 정확히 오후 3시가 되면 문을 열었다.

"안녕하세요, 사장님. 김회수 차장입니다."

대표님은 늘 반가운 듯 웃으면서도 항상 같은 말을 꺼냈다.

"닭은 말이여, 관리가 생명이여."

그 뒤엔 두 시간짜리 강의가 이어졌다. 환기량은 얼마여야 하고, 조명은 몇 룩스가 적당한지, 습도는 몇 퍼센트를 유지해야 하는지 등 매주 똑같은 이야기였다. 6개월 동안이나 그 이야기를 매번 처음 듣는 것처럼 들었다. 고개를 끄덕이고, 메모하고, 질문했다. 처음엔 솔직히 힘들었다. '이게 맞나' 싶은 순간도 많았다.

그러던 어느 목요일, 회사 긴급회의가 잡혀 그 농장에 가지 못했다. 그날 저녁, 전화가 울렸다.

"어이, 김 차장. 오늘 왜 안 와?"

그 한마디는 내게 놀라운 신호였다. '아… 이제 기다려지는 사람이 됐구나' 하는 신호 말이다. 나는 아무 말도 하지 못하고 그저 웃었다.

그리고 정확히 6개월이 되던 날, 전화 한 통이 걸려왔다.

"김 차장, 내일부터 사료 바꿀게."

그 한마디에 눈시울이 뜨거워졌다. 단 한 번도 사료 구매를 강요하지 않았는데, 그분이 스스로 내린 결정이었다.

그건 내가 따낸 계약이 아니었다. 끈기가 준 선물이었다. 매주 같은 시간, 같은 자리, 같은 태도, 그 반복이 신뢰라는 멜로디를 완성한 것이다.

INSIGHT

사람의 마음은 한 번의 말로 열리지 않습니다.
같은 자리에, 같은 태도로, 계속 서 있을 때 비로소 열립니다.

12

끝날 때까지 끝나지 않는다

그날도 돼지 농장을 돌고 있었다. 축사 안은 늘 습했고, 분뇨 냄새와 뜨거운 김이 뒤섞인 공기가 허파에 끈적하게 달라붙었다. 며칠째 이어진 폭염 탓에 작업복은 이미 땀에 젖어 무거웠다. 그때 허리춤에 꽂아둔 휴대전화가 울렸다.

화면에는 '신○○ 이사님'이라는 이름이 떠 있었다. 별생각 없이 전화를 받았다.

"김 차장, 인원 감축이 결정됐네. 호남에서 한 명 줄여야 하는데 자네가 나가줘야겠네."

그 한마디였다. 설명도, 위로도 없었다. 전화는 짧게 끝났고,

'뚝' 하는 신호음만 남았다. 순간 귀가 먹먹해졌다. 한참 동안 말없이 서 있었다. '이게… 끝인가.' 눈앞이 아득해졌다.

46명의 영업사원 중, 나는 유일한 비전공자였다. 다른 이들은 축산학, 수의학, 동물자원학을 전공한 같은 학교 선후배들이었다. 자연스레 보이지 않는 그룹이 생기는 것도 이해가 되었다. 나는 그저 묵묵히 현장과 결과로만 말해왔다. 그게 내가 할 수 있는 전부였으니까. 그래서 해고 통보가 억울하지는 않았다. 다만, 허무했다.

그런데 그날 저녁, 이사님에게서 다시 전화가 걸려왔다. 이번에는 목소리가 조금 달랐다.

"김 차장, 고창에 아직 대리점이 없어. 한 달 줄 테니 시장조사 한번 해봐. 괜찮으면 자네가 직접 해도 돼."

그 말이 이상하게도 희미한 구명줄처럼 들렸다. 식어가던 가슴에, 다시 불씨가 살아나는 느낌이었다. IMF 한파가 막 시작된 시기였다. 새 직장을 구하는 건 거의 불가능에 가까웠고, 사료 영업 말고는 할 줄 아는 일도 없었다.

"네, 알겠습니다."

그 한마디만 남기고 전화를 끊었다. 나는 곧장 고창으로 향했다. 고창은 느리게 흐르는 도시였다. 들판마다 수박 넝쿨이 드리워져 있었고, 저녁이면 장어 굽는 냄새가 골목마다 번졌다.

처음 며칠은 그저 걸었다. 농장을 보고, 시장을 돌고, 사람을 만났다. 낯선 공기가 오히려 위로처럼 느껴졌다. '그래, 잘리더라도 맛있는 거나 실컷 먹자.' 그렇게 스스로를 다독였다. 점심엔 장어와 고창 수박, 저녁엔 동네 맛집을 찾아다녔다. 하루가 천천히 흘렀고, 그 안에서 묘한 평화가 생겼다.

한 달쯤 지났을 무렵이었다. 이사님에게서 다시 전화가 걸려왔다. 이번엔 목소리가 다급했다.

"김 차장, 지금 당장 나주로 내려가야겠네. 큰일이야."

그날 밤, 바로 짐을 쌌다. 나주 대리점이 통째로 경쟁사로 넘어갔다는 소식이었다. 월 800톤. 호남본부의 심장을 도려낸 것이나 다름없는 수치였다.

"나주 담당인 김 부장을 도와서 사료 공급을 빨리 회복시켜라."

지체할 여유가 없었다. 잘린 자리에서 다시 시작하는 출근길이었다.

나주에 도착하자마자 첫 방문지는 입사 초기에 한 달 동안 먹고 자면서 훈련받았던 윤 사장님의 하늘 농장이었다. 윤 대표님은 나를 친동생처럼 대해주셨다. 그래서 나주에 도착하자마자 가장 먼저 그 얼굴이 떠올랐다.

"사장님, 저 회수입니다."

"어이쿠, 김 차장! 이게 얼마 만이야."

그는 반갑게 나를 맞아주었다.

“어서 오소.”

나는 방문한 자초지종을 말씀드렸다. 그런데 사장님께서 놀라운 소식을 전해주셨다.

“나주에 영농조합이 하나 생긴다더라. 사료 통합 입찰을 할 거래.”

가슴이 두근거렸다. 조합의 이름은 ‘사랑방 영농조합’. 월 1,100톤 규모의 공급처였고, 나주의 판을 뒤집을 수 있는 기회였다. 그날부터 나는 조합에 속한 모든 농장을 돌았다. 내가 평소에 해온 방식대로 농장을 얼마나 내가 부자로 만들고 싶은지를 설득하고 다녔다.

한 달 후, 입찰 결과가 발표됐다.

‘사랑방 영농조합 공식 공급사—퓨리나, 그리고 김회수.’

발표를 보는 순간 손끝이 떨렸다. 잘려 나갔던 내가, 이제 회사의 심장을 다시 뛰게 만들고 있었다.

얼마 지나지 않아 미국 본사에서 조직 개편이 단행됐다. 지역 관리자 체계가 사라지고, 품목별 전문 관리 체계로 전환됐다. 그 결과, 나는 전라남도 전체 가금류를 책임지는 프로덕트 매니저로 임명됐다.

스물아홉 살, 다국적 기업의 전라남도 총괄 부장.

농장 바닥에서 시작해 조직의 중심에 서게 된 순간이었다. 그날, 퓨리나의 붉은 로고가 유난히 또렷하게 빛나 보였다.

INSIGHT

**끝난 것처럼 보일 때가 가장 완벽하게 다시 시작되는 순간입니다.
인생은, 끝날 때까지 끝나지 않습니다.**

13

신용이 길이 되는 순간

복귀는 그렇게 찾아왔다. 첫 트레이닝을 받았던 농장과의 인연을 꾸준히 이어온 덕분이었다.

1년간의 첫 트레이닝을 마친 뒤 중국으로 갔고, 전북 지역 담당으로 부임해 몇 해를 보내는 동안에도 한번 맺은 인연을 쉽게 끊지 않았다. 가끔 안부를 묻고, 필요하면 찾아가 얼굴을 보며 이야기를 나눴다. 그 인연은 예상하지 못한 순간, 신용이라는 다리가 되어 나를 다시 불러주었다.

사정을 잘 모르는 사람들은 무심하게 말했다. "운이 좋았네." 하지만 그건 운이 아니었다. 오랜 시간 동안 차곡차곡 쌓아온 신용의 잔고 덕분이었다. 사실 해고는 내가 영업을 못해서가 아니었다. 비전공자였고, 축산을 전공한 사람들 사이에서 자연스럽게 섞이지 못한 결과에 가까웠다. 누군가와 어울리지 못한다는 건 능력이 없다는 뜻은 아니다. 다만 시간이 더 필요한 사람이라는 뜻일 뿐이다.

나는 그때 깨달았다. 사람에게 인정받는 일은 말솜씨나 배경으로 되는 게 아니라, 태도와 시간을 얼마나 들였느냐로 결정된다는 것을 말이다. 그럼에도 나 자신부터 바꿔보기로 했다. 원래 나는 내성적인 사람이었다. 낯선 사람에게 먼저 말을 거는 게 쉽지 않았고, 분위기를 띄우는 일에도 서툴렀다. 하지만 전남으로 부임한 뒤, 나는 의식적으로 노력했다. 먼저 인사하고, 어색해도 웃어보고, 회식 자리에 빠지지 않으려 애썼다.

처음엔 많이 어색했다. 하지만 그 어색함을 견디고 나니, 조금씩 회사의 공기 속으로 스며들기 시작했다. 그 결과, 5년 반 동안 두 번이나 영업왕을 차지했다. 그 상이 기뻤던 이유는 돈을 많이 벌어서가 아니었다. '아, 내가 헛되이 버틴 건 아니었구나' 하는 확인을 받은 느낌이어서 좋았다.

더불어 내가 진짜 자부심을 느낀 건 상이나 숫자가 아니었다. 그 시간 동안 쌓아 올린 관계였다.

그중에서도 나주의 사랑방 영농조합은 내 인생을 가장 드라

마틱하게 뒤집어준 인연이었다. 나는 조합원분들을 고객으로 대하지 않았고, 가족처럼 대했다. 그분들의 삶이 조금이라도 덜 힘들어졌으면 했고, 농장 밖의 세상도 한번쯤은 느껴보셨으면 했다. 그래서 어느 날 이런 제안을 했다.

"우리, 다 같이 제주도 한번 갑시다."

처음엔 다들 손사래를 쳤다.

"농장을 비우면 어쩌라고요."

"걱정 마세요. 관리자가 없는 농장들은 저희 직원들이 농장에 들어가 숙식하면서 직접 관리해드릴 테니 마음 편히 다녀오세요."

잠시 정적이 흘렀다. 그러다 얼굴마다 오랜만의 설렘이 번졌다. 한 사모님은 울컥한 목소리로 말했다.

"10년 만의 여행이네…."

그 한마디에 내 마음도 뜨거워졌다.

출발 하루 전, 나는 마지막 점검을 위해 한 농장을 찾았다.

"아이구, 김 부장. 바쁜데 또 오셨네."

사장님은 시내에 나가셨다고 했다. 제주도에서 입을 옷을 사러 가셨다며 들뜬 마음을 숨기지 못하셨다.

"제주도 가면 옷도 좀 달라야지!"

그 말 속에 오랜 기다림 끝의 설렘이 고스란히 담겨 있었다. 사모님은 의자를 내주며 앉으라고 했다.

"이번 여행은 다 부장님 덕이에요. 사람 사는 게 뭔지 잊고 살았는데…."

나는 멋쩍게 웃기만 했다. 그리고 다른 농장을 방문한 뒤 사무실에 복귀해 일을 정리하고 있었다. 그때 다급하게 전화가 울렸다.

"김 부장! 큰일 났어요! 우리 농장…. 빨리 와요! 병아리들이 다 죽었어요."

차에 올라타자마자 심장이 미친 듯이 뛰었다. 농장에 도착했을 때, 눈앞의 광경은 참담했다. 병아리장 문을 여는 순간, 뜨거운 공기와 비릿한 냄새가 한꺼번에 밀려왔다. 수만 마리의 병아리들이 서로 뒤엉킨 채 숨을 잃은 상태였다. 그곳 농장은 창이 없는 무창계사였다. 산소 공급을 위해선 환기팬을 돌리는 게 필수적이라 전기가 중요하고, 비상용 발전기도 필수다. 그런데 그날은 어떤 이유에서인지 전기가 나갔고, 발전기조차 작동하지 않아 벌어진 사고였다.

늘 배경처럼 흐르던 클래식 음악이 그날은 장송곡처럼 들렸다. 사모님은 닭장 앞에 주저앉아 울고 있었다.

"이제 끝이에요, 김 부장. 다 끝났어요…."

나는 그 자리에 멈춰 섰다. 입안이 바짝 말랐다. '내가 여행만 제안하지 않았더라면….' 순간적으로 나도 모르게 이런 말이 튀어나왔다.

"사모님, 일단 저희가 1,000만 원 지원해드릴게요. 최대한 빨리 복구해봅시다."

계획된 말이 아니었다. 그저 그 절망 앞에서 몸이 먼저 반응한 약속이었다.

다음 날 회사에 보고했다.

"피해가 심각합니다. 1,000만 원 지원이 필요합니다."

하지만 돌아온 답은 단호했다. "500만 원 이상은 어렵다"였다. IMF 시기, 회사 사정도 빠듯했다. 그래도 내가 한 약속은 내가 지켜야 했다. 나는 은행으로 가 내 통장에서 500만 원을 인출했다. 다음 날, 봉투를 들고 농장으로 갔다.

"회사에서 긴급 지원금이 나왔습니다. 이걸로 복구에 보탬이 되셨으면 합니다."

사모님은 봉투를 붙잡고 고개를 숙였다.

"김 부장… 이 은혜는 평생 잊지 않을게요."

나는 괜히 마음에 짐이 될까 싶어 그 돈의 일부가 내 돈이라는 말을 끝내 하지 않았다. 하지만 며칠 뒤, 이 사실을 알게 된 사모님에게 전화가 왔다.

"김 부장…. 김 부장도 힘드실 텐데 정말 고마워요."

그날 이후, 그 부부는 내 인생에서 가장 든든한 조력자가 되었다. 훗날 내가 사업을 시작했을 때도, 그분들은 누구보다 먼저 손을 내밀어주셨다.

그날, 그분들은 병아리를 잃었지만 우리는 평생의 신용 자산을 얻었다. 내가 그날 쓴 건 돈 500만 원이 아니었다. 마음이었고, 약속을 지키겠다는 신용이었고, 이 일을 함께 견디겠다는 책임감이었다.

신용은 쌓이는 데까지 오래 걸리지만, 길이 되는 순간은 아주 조용히 찾아온다. 그리고 그 길은 한번 열리면 좀처럼 닫히지 않는다.

INSIGHT

신용은 평소엔 보이지 않지만, 위기의 순간에 길이 됩니다.

14

돈을 가치 있게 잘 쓰는 법

영업왕에 올랐을 때의 기쁨은 컸다. 하지만 그 자리를 지키는 일은, 올라가는 것보다 훨씬 더 고됐다.

1등이 되는 데에는 목표가 있었기에 힘이 났지만, 1등을 빼앗기지 않기 위해 계속 달려야 한다는 압박감은 말로 다 설명하기 어려웠다.

퓨리나에서 보낸 5년 6개월 동안, 나는 매일 밤 잠들기 전 꼭 같은 행동을 반복했다. 다리를 하늘로 들어 올리고, 몸을 부르르 떠는 거였다. 그렇게 해야 긴장이 풀리고 잠이 들었다. 그 습관은 퇴사한 뒤 10년이 지나서도 쉽게 사라지지 않았다.

왕좌는 화려해 보이지만, 그 무게는 근육처럼 몸에 남았다. 그래서 단 1톤이라도 팔 수 있다면 어디든 달려갔다. 심지어 토끼 농장까지 찾아갔다. 판매량은 크지 않았지만, 그곳에도 사람과의 관계, 그리고 정보가 있었다.

그러던 어느 날, 지역 축협에서 사료를 한 곳으로 통일할 거라는 소문이 들려왔다. 그리고 조합장님의 따님이 곧 결혼한다는 이야기까지 함께 들려왔다. 그 순간 머릿속에 한 장면이 떠올랐다.

그때 내가 즐겨 읽던 최인호 작가의 소설 『상도』의 주인공 임상옥 이야기였다.

임상옥은 가진 것도, 뒷배도 없던 시절 권세가 박종경 대감의 부친상 소식을 듣고 조문을 갔다. 모든 상인들이 계산기를 두드리던 자리에서 그는 빈 백지 어음 한 장을 내밀었다. 사람들은 수군거렸다.

"미친 짓 아니야?"

하지만 박 대감은 그 행동의 뜻이 궁금해 임상옥을 따로 불렀다.

"남대문을 하루에 몇 사람이 지나가는지 아는가?"

아무도 답하지 못한 질문에 임상옥은 이렇게 말했다.

"이 씨는 이익을 따르는 사람이고, 해 씨는 해를 끼치는 사람입니다. 저는 그 어느 쪽도 아닌, 의로 살고 싶을 뿐입니다."

그 한마디로 임상옥은 교역권을 얻었다. 돈이 아니라 마음으로 신뢰를 산 순간이었다. 그 이야기가 그날따라 유난히 마음을 세게 쳤다.

'그래, 지금이 바로 그때다.'

회사 규정상 축의금은 5만 원이었다. 하지만 나는 통장에서 45만 원을 더 인출했다. 총 50만 원. 지금도 그렇지만 당시로서는 결코 작은 돈이 아니었다.

그런데 결혼식장에 도착해 방명록을 보다가 문득 멈칫했다. 경쟁사 대리점 사장의 이름 옆에 '50만 원'이라는 숫자가 적혀 있었기 때문이었다.

나는 조용히 봉투를 양복 안주머니에 집어넣고, 아무 말없이 ATM으로 향했다. 그리고 50만 원을 더 인출해 봉투에 넣었다. 총 100만 원이었다.

그 순간, 마음속으로 이렇게 정리했다. '이건 축의금이 아니다. 잇속을 따지는 투자가 아니라, 우리 관계에 대한 투자다. 그리고 내가 어떤 사람인지에 대한 선택이다.'

며칠 뒤, 조합장님에게서 전화가 왔다.

"김 부장, 시간 있나? 집에 한번 들르지."

그날 저녁, 식탁 위에는 갓 지은 밥과 정성스러운 반찬이 가득 차려져 있었다. 조합장님은 웃으며 물으셨다.

"김 부장, 축의금으로 그렇게 큰 금액을 낸 이유가 뭔가?"

나는 잠시 숨을 고르고 말했다.

"사실 금액 자체가 중요한 건 아니었습니다. 저희 회사가 조합과 함께하면 농가 수익을 더 안정적으로 높일 수 있다는 걸 말이 아니라 마음으로 전하고 싶었습니다."

식사 후, 조용히 이야기를 나눌 시간이 이어졌다. 나는 자료를 꺼내 퓨리나 사료의 품질 관리, 유통 안정성, 농가에 어떤 도움이 되는지를 차분히 설명했다.

조합장님은 한참 동안 말이 없다가 잔을 내려놓으며 이렇게 말씀하셨다.

"김 부장, 솔직히 처음엔 궁금했어요. 그런데 이야기를 나눌수록 어떤 사람인지 보이네요. 같이 가봅시다."

그렇게 거래는 성사됐다. 그날 나는 다시 한번 느꼈다. 인생에는 결단해야 할 순간이 있다는 걸 말이다.

리스크 없는 선택은 없다. 하지만 그 선택이 이익만을 향할 때는 불안이 남고, 사람을 향할 때는 길이 열린다.

돈을 쓰는 방식은 그 사람의 삶을 그대로 보여준다. 그날 내가 쓴 돈은 100만 원이 아니었다. 관계에 대한 믿음이었고, 사람을 먼저 보겠다는 태도였고, 내가 어떤 장사를 하고 싶은지에 대한 선언이었다.

INSIGHT

돈은 계산으로 쓰면 사라지지만, 사람을 향해 쓰면 관계로 남습니다.

15

어떤 사람으로 마음속에 남을 것인가

어느 토요일 오후였다. 오랜만에 부모님께 효도를 하고 싶어 광주에서 이름난 식당에 모시고 식사를 하고 있었다. 오랜만의 외식이라 부모님 얼굴에도 웃음이 번지고 있었다.

그때 휴대전화가 요란하게 울렸다.

"김 부장, 농장에 지금 불났어요!"

순간 숟가락이 손에서 미끄러졌다. 심장이 덜컥 내려앉았다.

"119에는 신고했어요?"

"아뇨, 아직…."

"당장 신고하세요. 지금 바로요!"

나는 전화를 끊고 부모님께 급히 말했다.

"죄송해요. 농장에 큰일이 났어요."

자리에서 벌떡 일어나 식당 문을 박차고 나왔다. 달리는 동안 가슴이 미친 듯이 뛰었다. 내 집이 불타고 있다면 바로 이런 기분일 것이다. 신호등도, 도로도 눈에 들어오지 않았다. 머릿속엔 화염에 휩싸인 붉은 불빛만이 어른거렸다. 농장에 도착했을 때 소방차들이 거센 불길을 진압하느라 분주했다. 연기는 하늘로 치솟았고, 그 속에 얼굴이 새까맣게 그을린 사장님 내외가 서 있었다.

나를 보자마자 두 분은 동시에 울음을 터뜨렸다.

"김 부장… 다 타버렸어요…."

불길이 잡히고 나서야 잔해가 눈에 들어왔다. 닭들이 있던 철제 케이지는 형체를 알아볼 수 없을 만큼 녹아내려 뒤틀려 있었고, 바닥에는 숯덩이가 된 닭들의 흔적만 남아 있었다. 타는 냄새가 코끝에 진동했고, 아직 식지 않은 죽음의 온기는 처참했다. 사장님은 땅에 주저앉아 두 손으로 흙을 움켜쥐었다.

"내 평생 모은 걸… 하루 만에 다 잃었어…."

그분의 어깨가 크게 들썩였다. 나는 그 모습을 보며 한참을 말없이 서 있었다. 그리고 조심스럽게 말했다.

"사장님, 불난 집이 더 잘된다는 말도 있잖아요. 분명히 좋은 일 생길 겁니다."

그 말은 위로이기도 했지만, 내 마음속에 다짐처럼 새긴 약속이기도 했다. 이 문제를 반드시 함께 해결하겠다는 약속 말이다. 그런데 그 말을 내뱉고 나니, 문득 한 농장이 떠올랐다.

화순 동복 수원지 인근에 있던 농장이었다. 광주 상수원 보호구역 확장으로 이전 명령을 받은 곳이었다. 보상은 이미 충분히 받았지만, 농장 사장님은 얼마 전 사고로 세상을 떠났고, 사모님은 갑상선암 투병 중이라 더는 농장을 운영할 수 없는 상황이었다. 며칠 전, 그 사모님이 했던 말이 떠올랐다.

"김 부장, 이 농장 좀 팔아주세요."

그땐 계란 값이 너무 낮아 아무도 관심을 갖지 않았기에 어떻게 도와야 할지 고민하던 참이었다. 불현듯 생각이 이어졌다.

'이건 하늘이 준 기회다.'

두 분 모두에게 새로운 길을 열어줄 수 있을지도 모른다는 생각이 들었다. 나는 사장님께 바로 말씀드렸다.

"사장님, 내일 저랑 한 군데 같이 가보시죠. 좋은 자리가 있을지도 모르겠습니다."

다음 날 아침, 사장님 내외를 차에 태워 동복으로 향했다. 이른 햇살이 계곡을 따라 흘러내렸고, 농장 지붕 위에는 옅은 물안개가 감돌고 있었다.

계사의 문을 여는 순간, 3만 마리의 닭들이 쉼 없이 울며 알을 낳고 있었다. 죽음이 아니라, 삶의 소리가 농장 안을 가득 채우고 있었다. 그 규칙적인 울음소리는 사장님 내외에게 희망처럼 들렸을 것이다. 사모님이 작은 목소리로 말했다.

"닭 냄새가… 이렇게 반가운 건 처음이에요."

나는 말없이 미소를 지었다. 그분들의 눈에 빛이 다시 돌아오기 시작했다.

한 시간 동안 나는 두 농장 사이를 오가며 중재했다. 한쪽은 팔고 싶었고, 한쪽은 다시 시작하고 싶었다. 그 사이를 잇는 다리가 바로 내 역할이었다. 결국 3만 수와 차량, 시설 일체를 5,500만 원에 인수하기로 합의했다.

지금 기준으로 보면 15억 원짜리 자산을 단돈 5,500만 원에 인수한 셈이었다. 살 사람이 없던 농장이었기에 동복 농장 사모님 입장에서도 보상금 외에 추가로 5,500만 원을 손에 쥔 셈이었다. 말 그대로 서로의 필요가 정확히 맞아떨어진 순간이었다. 그곳에는 돈보다 큰, 기적 같은 균형이 있었다.

계약서에 도장을 찍는 순간, 사장님이 조심스럽게 물었다.

"김 부장… 정말 괜찮을까요?"

나는 웃으며 답했다.

"괜찮습니다. 이미 다시 시작하셨잖아요."

그날부터 사장님은 다시 농장주가 되었다. 그리고 한 달 후, 믿기 어려운 일이 벌어졌다. 계란 값이 단군 이래 최대 폭으로 폭등한 것이다. 계란 한 알당 순이익 100원. 모든 걸 잃었다고 생각했던 사장님은 두 달 만에 투자금을 회수했고, 10개월 후에는 6억 원이라는 큰돈을 손에 쥐게 됐다. 그 돈으로 불탄 농장 자리로 시설을 이전하고, 그 옆에 새 농장 한 동을 더 지었다. 무너졌던 삶이 두 배의 크기로 다시 세워진 순간이었다. 그 농장은 사람들 사이에서 '기적의 농장'이라 불리기 시작했다.

1년 뒤, 나는 회사를 떠나 사업을 시작했다. 그리고 10년쯤 흐른 어느 날, 저녁 산책을 하다 낯익은 뒷모습 하나를 발견했다. 조심스레 다가가보니 바로 그 농장 사장님 내외였다. 사모님은 나를 보자 눈시울을 붉히며 말했다.

"김 부장… 정말 고마웠어요. 그때 김 부장 없었으면 지금의 우리는 없었을 거예요."

나는 조심스럽게 물었다.

"농장은요?"

"이젠 없어요. 나주 혁신도시 들어오면서 보상받았어요. 이젠 편하게 지내요. 그때 김 부장 덕분에 인생이 바뀌었죠."

그 말을 듣는 순간, 나도 모르게 가슴이 뜨거워졌다. 누군가의 인생에서 '고마운 사람'으로 남는다는 건 어떤 영업 성과보다 깊은 의미였다. 잠시 웃다가, 문득 궁금해져 물었다.

"그때… 왜 119보다 저한테 먼저 전화하셨어요?"

사모님은 잠시 생각하다 조용히 웃으며 말했다.

"불이 나니까… 김 부장님 생각이 제일 먼저 나더라고요."

그 말이 내 마음 깊은 곳을 울렸다. 그게 바로 포지셔닝이었다. 고객의 마음속에 자리를 잡는 것, 상품이 아니라 사람으로, 영업 멘트가 아니라 진심으로 기억되는 것 말이다.

그 사모님께 나는 '사료 영업사원'이 아니라, 위급할 때 가장 먼저 떠오르는 사람이었다.

INSIGHT

사람은 위기 앞에서 가장 먼저 떠오른 사람에게 마음을 맡깁니다.
그래서 결국 남는 것은 어떤 사람으로 기억되는가입니다.

16

퇴사에도 품격이 있다

내 나이 서른. 다국적 기업 퓨리나에서 억대 연봉을 받고 있었다. 영업왕을 두 번 차지했고, 업계에서는 '전국 1등 영업사원'이라 불렸다. 그런데 이상하게도 마음이 비어 있었다.

'이 길의 끝에는 뭐가 있을까.'

선배를 보면 나의 미래가 보인다는 말이 있다. 그 말이 그때의 내겐 예고처럼 들렸다. 나는 서서히 그곳은 내가 오래 머물 길이 아니라는 것을 깨달았고, 그래서 결심했다.

'이제는 나만의 길을 만들어야겠다.'

퇴사를 결심하고 나니, 무엇보다 중요한 질문 하나가 남았다.

'어떻게 나갈 것인가.'

나는 들어갈 때보다 나올 때가 더 중요하다고 믿는다. 사람은 결국 떠나는 모습으로 기억되기 때문이다. 그래서 나는 영업왕이었던 그 시절의 기억으로, 가장 좋은 모습으로 떠나고 싶었다.

당시 나는 전라남도 총괄 가금(닭) 담당 판매부장이었다. 내가 맡은 지역은 퓨리나의 핵심 매출 지역이었다. 내가 빠지면 매출 공백이 날 수밖에 없었다. 그래서 다짐했다.

'나 없이도 돌아가는 시스템을 만들어 놓고 나가자.'

어떻게 해야 할지 고민한 끝에, 국내 최고의 닭 사육 회사인 하림에서 인재를 스카우트하기로 했다. 적임자는 금세 눈에 띄었다. 김 소장은 닭 사육과 경영 감각, 두 가지를 모두 갖춘 사람이었다. 문제는 연봉이었다. 회사에서는 내가 퇴사할 걸 몰랐기에 보조 인력 예산은 3,000만 원뿐이었다. 하지만 김 소장이 요구한 연봉은 6,000만 원이었다. 부담이 되긴 했지만 나머지 3,000만 원을 내가 지불하기로 했다. 김 소장을 보조자로 채용하고, 1년 동안의 완벽한 인수인계 계획을 세웠다.

새벽부터 함께 농장을 돌며 거래처를 소개했고, 농장 기록과 계약 내용을 하나하나 설명했다. 나는 가르쳤고, 그는 배웠다. 나는 물러날 준비를 했고, 그는 현장을 완전히 장악해갔다.

그런데 놀랍게도 그가 합류한 뒤 몇 달 만에 판매량이 급격히 늘었다. 두 사람이 움직이니 거래 속도도 두 배가 됐다. 내가 받은 추가 인센티브는 내가 투자한 3,000만 원을 훌쩍 넘어섰다. 나는 돈을 쓴 게 아니라, 결국 번 셈이었다.

퇴사 전 날, 책상 위의 서류를 정리하며 묘한 평온함이 밀려왔다. 한 명 한 명에게 전화를 걸었다.

"그동안 감사했습니다. 앞으로도 퓨리나 잘 부탁드립니다."

그 덕분이었을까. 내가 회사를 떠난 뒤에도 몇몇 농장주들은 "김 부장 체면 보고"라며 수년간 거래를 그대로 이어가주셨다.

마지막 인사를 건네던 순간, 이상하게도 목소리가 떨리지 않았다. 아쉬움보다 새로운 시작의 바람이 이미 마음 한편에 불고 있었기 때문이다.

'떠날 때 품격이 있으면, 언제든 다시 돌아올 수 있다.'

그 생각은 그때도, 지금도 변하지 않는 내 기준이다.

한편, 그 무렵 퇴사 서류보다 내 머릿속을 더 오래 차지한 질문이 있었다.

'내가 진짜 만들고 싶은 브랜드는 무엇일까?'

신문, 우유, 야쿠르트, 녹즙까지 모두 집 앞까지 정기적으로 배달된다. 그런데 이상하게도 매일 식탁에 오르는 필수품인 계란은 정기배송 품목에 없었다.

'계란을 우유처럼 정기배송하면 어떨까?'

그 질문 하나가 내 인생의 다음 장을 열었다.

나는 이미 현장을 누구보다 잘 알고 있었다. 전국 수백 개 농장을 돌며 깨달은 건 농장마다 품질 격차가 크다는 사실이었다. 또 하나 마음에 걸렸던 건, 항생제와 살충제가 너무 당연하게 사용된다는 점이었다. 먹기는 하지만 늘 찜찜함이 남는 식품, 그게 계란이었다. 그래서 다시 스스로에게 물었다.

'내가 마음 편히 먹을 수 있는 계란을 다른 사람에게도 팔 수는 없을까?'

이 두 가지 질문이 내 첫 사업 아이디어였다. 그건 단순한 상품 개발이 아니라, 시장에 대한 질문이었다.

그 시절 감명 깊게 읽었던 혼다 소이치로의 자서전 내용 중 한 문장이 떠올랐다.

"시장은 존재하지 않는다. 만드는 것이다."

그는 또한 이렇게 말했다.

"새로운 시장은 발견되는 게 아니라, 채워지지 않은 욕구에서 만들어진다."

내가 보기에 '깨끗한 계란'은 누구나 원하지만 아무도 제대로 팔지 않은 영역이었다. 사람들은 매일 계란을 먹지만, 그 출처엔 무심했다. 생각이 여기에 미치자 나는 확신할 수 있었다.

'그 무심함에 신뢰를 심으면, 브랜드는 자란다.'

모든 생각이 정리된 그날 밤, 나는 부모님께 사업 구상을 말씀드렸다.

"아버지, 어머니… 계란을 우유처럼 정기배송하려고 합니다."

순간 식탁 위의 공기가 얼어붙었다. 숟가락 소리도, 벽시계 초침 소리도 멈춘 듯 고요했다. 아버지는 한참 동안 나를 바라보셨다. 그 눈빛엔 놀람보다 걱정이 더 짙게 담겨 있었다.

"너, 지금 농담하는 거지?"

"아니에요. 진심이에요."

"그 좋은 자리 두고… 계란 배달을 하겠다고?"

아버지의 목소리가 높아졌다.

"미쳤다. 이런 세상에 누가 계란을 배달 받아서 먹어!"

옆에서 듣던 어머니는 길게 한숨을 쉬며 고개를 저었다.

"회수야, 정신 차려라. 그 회사 들어가려고 얼마나 고생했니."

다 나를 걱정하는 말이었다. 하지만 이상하게도 내 마음은 더 단단해졌다. 어머니가 눈시울을 붉히며 물었다.

"니가 뭘 믿고 그래?"

나는 웃으며 말했다.

"신용이요. 사람들이 저를 믿었던 그 마음, 그걸 상품으로 바꾸려고요."

그날 밤, 나는 부모님을 완전히 설득하지는 못했다. 하지만 마음은 오히려 후련했다. 잠시 뒤, 어머니가 조용히 말했다.

"그래도 네가 그렇게 믿는다면… 끝까지 해봐라."

그 한마디는 마치 출항을 허락하는 마지막 종소리처럼 들렸다.

누가 봐도 나는 이미 '성공한 인생'이었다. 연봉 1억 원, 대한민국 상위 1퍼센트 급여소득자. 부모님 입장에서는 그걸 내려놓는다는 게 도무지 이해되지 않았을 것이다.

하지만 내 안의 목소리는 분명했다.

'이제는 남의 브랜드가 아니라, 내 이름으로 신뢰를 팔고 싶다.'

그건 단순한 퇴사가 아니라, 내 인생의 첫 브랜드 선언이었다. 나는 이제 돈을 버는 사람이 아니라, 의미를 설계하는 사람이 되기로 했다.

INSIGHT

떠나는 방식이 그 사람의 다음 인생을 만듭니다.
품격 있게 떠난 자리는 언젠가 다시, 기회로 돌아옵니다.

3장

꿈이 있는 사람은 쓰러져도 멈춰 서지 않는다

17

성공은 교육 위에서 자란다

호기롭게 세상으로 나왔지만, 현실은 사실 막막했다. 회사 간판이 사라지자 일상의 모든 것이 낯설어졌다. 이제는 내 이름 하나로 신용을 증명해야 했다.

나의 첫 제품은 '녹즙란'이었다. 이 계란을 함께 만들어준 분은 배종식 대표님이었다. 앞서 전기 단전 사고로 병아리 수만 마리를 잃었던, 바로 그 농장의 주인이었다.

그때 지원해드린 1,000만 원 중 500만 원이 내 사비였다는 사실을 나중에야 아신 뒤로, 대표님은 나를 '영업사원 김회수'가 아니라 신용을 지키는 사람으로 기억해주셨다.

대표님은 내가 창업한다는 소식을 들으시곤 먼저 연락을 주셨다.

"김 부장, 자네가 원하는 계란, 내 농장에서 만들어줄게."

그리고 항생제 대신 급이할 발효녹즙 제조실을 직접 설치해 주셨고, 닭이 매일 신선한 녹즙을 먹을 수 있도록 전용 급이 장치까지 손수 제작해주셨다. 그렇게 세상에 없던 계란이 탄생했다.

'녹즙란'

항생제를 쓰지 않고, 발효녹즙을 먹인 닭이 낳은 계란. 그건 단순한 상품이 아니라, 신용이 만든 첫 브랜드였다. 그 녹즙란을 무기로 나는 사업을 시작했다.

초창기에는 사무실도 없었다. 내가 살던 아파트 거실이 첫 본사였다. 퇴직금 6,000만 원. 내 전 재산이자 창업의 씨앗이었다. 생활정보지에 직원 모집 광고를 냈다. 며칠 뒤 나보다 연배가 있는 한 남자가 입사했다. 나는 그를 '부장'이라 불렀고, 그는 나를 '사장'이라 불렀다. 세상에서 가장 작은 조직이었지만, 그 안에는 세상에서 가장 큰 꿈이 있었다.

이제 본격적으로 영업을 시작해야 했다. 주부 영업사원을 모집하기 위해 다시 광고를 냈다. 하지만 지원자는 아무도 없었다. 결국 부장의 친누나, 그 친구, 이웃 아주머님들까지 설득해 광주시 북구 우성아파트 입구에 작은 좌판을 펼쳤다.

"계란 정기배송 받으세요! 1팩 10알에 2,000원, 배송료 포함입니다!"

세계 최초의 계란 정기배송은 그렇게 시작됐다. 하지만 처음부터 완벽할 수는 없었다. 영업사원이었지만 제대로 된 교육 없이 현장에 투입되다 보니 허술한 부분이 많았다.

가장 큰 문제는 작은 목소리였다. 바로 옆에 있어도 잘 들리지 않을 정도였다. 부끄러움, 확신 없음, 자신감 부족까지 그 모든 것이 직원들의 어깨를 짓누르고 있었다. 그 모습을 보며 문득 이런 생각이 들었다.

'그래, 퓨리나에서는 전공 경력자도 6개월은 훈련 받았잖아. 나는 1년을 배웠는데, 왜 교육부터 하지 않고 있는 거지?'

답은 분명했다. 모두 사람이 하는 일이었다. 그래서 교육이 필요했고, 내가 직원들에게 먼저 투자해야 한다는 생각이 들었다. 확신 없는 팀으로는 신뢰를 팔 수 없었다. 그래서 망설임 없이 교육부터 시작했다.

전세로 살던 아파트를 처분하고, 상아방(상가 뒤나 옆에 딸린 아주 작은 방)이 있는 골목 안 작은 상가를 얻었다. 15평 남짓한 사무실. 그곳이 우리의 첫 전진기지였다.

개업식 날, 현수막에는 이렇게 적혀 있었다.

"정기회원 1만 명 달성!"

지금 생각하면 말도 안 되는 숫자였다. 하지만 나는 믿었다. 꿈은 커야 생각도 커진다는 걸 말이다.

사무실을 꾸린 뒤, 우리는 영업에 나가기 전 매일 한 시간씩 교육을 진행했다. 주부 영업사원 여섯 명. 단출한 시작이었지만 변화는 놀라울 정도로 빨랐다.

교육이라고 하면 판매 전략을 떠올리기 쉽다. 하지만 우리가 처음 가르친 건 판매 요령이 아니라 제품에 대한 정확한 이해였다. 내가 파는 제품이 왜 좋은지, 무엇이 다른지 스스로 정확히 알고 있어야 자부심이 생긴다. 그 자부심이 목소리를 키우고, 눈빛을 바꾼다. 나는 성공은 열정에서 오지만, 그 열정은 확신과 정확한 지식에서 나온다고 믿었다.

제품 교육과 함께 친절과 자존감 교육도 꾸준히 병행했다. 당시 2시간 강의에 100만 원씩 받던 유명 강사들을 여럿 초청했다. 사람들은 "미친 짓이다"라고 했다. 하지만 나는 확고했다. 교육비는 비용이 아니다. 미래를 위한 가장 우선적인 투자다.

직원들조차 처음엔 이해하지 못했다. 한 주부 사원은 이렇게 말하기도 했다.

"그 돈을 나눠주면 우리가 더 열심히 할 거예요."

하지만 나는 흔들리지 않았다.

그러던 어느 날, 당시 최고의 인기 강사였던 황수관 박사님께 전화를 드렸다.

"인원이 몇 명인가요?"

"스무 명쯤 됩니다."

사실은 여섯 명이었다. 박사님은 웃으며 말했다.

"스무 명은 돈 줘도 안 가요."

그날 박사님의 책이 막 출간된 걸 알고 나는 50권을 주문했다. 그리고 다시 전화를 드렸다.

"박사님, 강의 말고 팬사인회라고 생각하시고 한 번 와주시면 안 될까요?"

잠시 웃음이 흐른 뒤 박사님이 말했다.

"좋아요. 열정이 좋네요. 갈게요."

강의료는 2시간에 300만 원이었다. 그날 아침, 나는 직접 공항으로 박사님을 모시러 갔다. 차가 골목길로 들어서자 박사님의 표정이 조금씩 굳어졌다. 낡은 간판, 허름한 상가 건물. 마지막 코너를 돌며 조용히 물으셨다.

"여기가… 강의장인가요?"

나는 웃으며 고개를 끄덕였다.

"네, 맞습니다."

사무실 안에는 빨간 플라스틱 의자 스무 개가 다닥다닥 붙어 있었고, 사람들이 비좁은 공간을 가득 메우고 있었다. 박사님은 주변을 둘러보며 미소 지었다.

"좋습니다. 여긴 따뜻해서 좋네요."

에어컨이 없어 더운 거였지만, 그 말 한마디에 모두 웃었다. 강의는 시작부터 끝까지 뜨거웠다. 박사님은 마이크도 없이 두 시간 내내 온몸으로 열정을 쏟아내셨다.

목소리는 점점 커졌고, 땀은 이마를 타고 흘러내렸지만 한 번도 물을 찾지 않으셨다. 강의가 끝나자 불과 20명이었지만 200명 못지않은 박수가 터졌다. 박사님은 내 어깨를 툭 치며 말했다.

"이 열정이면 꼭 성공하실 겁니다."

그 한마디는 내 심장 깊숙이 박혔다. 그날의 격려는 그 어떤 조언보다 강력한 에너지가 됐다. 그래서 나는 교육에 대한 투자를 멈출 수 없었다.

그러던 어느 날, "교육비를 나눠주면 더 열심히 하겠다"고 말하던 직원이 내게 이렇게 말했다.

"대표님, 어제 아이 학교에 갔는데요. 선생님께 인사드릴 때 저도 모르게 두 손을 무릎 위에 모으고 공손히 인사했어요. 선생님이 아이 앞에서 '어머님, 참 예의 있으시네요'라고 하셨어요."

그 말을 듣는 순간 나는 알았다. 우리가 만든 브랜드가 이미 누군가의 품격을 바꾸고 있다는 걸 말이다.

그래, 이런 맛에 교육을 하는 거다. 교육은 모든 것을 바꾸는 가장 기초적인 투자다. 교육이 쌓이면 자신감이 생기고, 자신감은 고객의 신뢰로 이어진다. 고객이 우리 직원을 믿는 순간, 매출은 자연스럽게 따라온다.

그래서 나는 지금도 교육에 대한 투자를 아끼지 않는다. 그리고 늘 마음속으로 다짐한다.

'교육을 멈추는 순간, 브랜드는 멈춘다.'

INSIGHT

성공은 열정에서 오고 열정은 정확한 제품 지식(혹은 교육)에서 온다.

18

뜨거운 물이 하나 되게 한다

작은 골목 사무실에서 시작한 사업은 생각보다 빠르게 성장했다. 경력단절을 겪은 주부들이 대부분이었고, "영업을 해보고 싶다"는 분들이 예상보다 훨씬 많이 찾아왔다. 모두 성실하게 일해주셨다. 영업 실적도 눈에 띄게 늘어났다. 그런데 시간이 지날수록 코디(당시 주부 영업사원을 부르던 호칭)들의 얼굴이 달라지기 시작했다. 매출은 오르는데, 퇴근할 때의 표정이 점점 어두워졌다. 눈빛이 흐려졌고, 말수가 줄었다.

그 모습이 낯설지 않았다. 내가 퓨리나 시절에 경험했던 바로 그 상태였다. 성과는 잘 나오는데, 마음은 하루하루 닳아가던 때 말이다. 영업은 생각보다 잔인한 일이다. 아침에 아이 학교 보내고, 장바구니 대신 샘플 가방을 들고 낯선 집 초인종을 누른다.

"괜찮아요", "필요 없어요", "지금 바빠요" 같은 거절을 하루에도 수십 번 듣고 돌아온다. 큰 거절도 아니다. 소리 지르지도 않는다. 그런데 그 말들이 하루하루 쌓이면, 사람 마음에 은근히 금이 간다. 멈출 수도 없다. 오늘 안 되면 내일 다시 가야 하고, 내일 안 되면 모레 또 가야 한다. 성과는 숫자로만 남고, 거절은 몸에 그대로 남는다.

사람들은 그 상태를 보며 "조금만 더 열심히 하면 된다"라고 말한다. "실적이 나오잖아"라고도 한다. 하지만 현장에서 보니 그건 아니었다. 문제는 실적이 아니라 얼마나 오래 버틸 수 있느냐였다. 그래서 '이 사람들이 버틸 수 있는 구조를 먼저 만들어야 한다'라고 생각했다.

가장 먼저 손을 댄 건 급여 체계였다. 월급을 주급으로 바꿨다. 5일만 버티면 돈이 들어온다. 당시 주부들에게 그건 아이 학원비 한 달치를 일주일 만에 벌 수 있다는 뜻이었다.

'이번 주까지만 해볼까?' 하는 생각이 다음 주를 다시 시작하게 만들었다. 그게 얼마나 효과가 있을까 의심하는 사람도 있었지만 결과는 분명했다.

월요일 오전, 코디들의 책상 위에는 흰 봉투가 놓였다. 봉투

안에는 지난 한 주를 버텨낸 대가가 들어 있었다.

여기에 만근 보너스를 더했다. 5일 연속 출근하면 봉투 하나가 더 얹어졌다. 사람은 멀리 있는 큰 보상보다 눈앞에 보이는 작은 확신에 훨씬 오래 버틴다. 주급은 피로가 완전히 쌓이기 전에 마음을 한 번씩 리셋해주는 장치였다. 하지만 그것만으로 모두의 마음을 하나로 묶을 수는 없었다.

교육을 해도, 칭찬을 해도, 사람들 사이의 경쟁은 쉽게 사라지지 않았다. 서로의 매출을 비교하고, 순위를 의식하며 또 다른 피로가 생겨났다.

이 사람들은 경쟁자가 아니라 같이 가야 할 사람들이었다. 한참을 고민한 끝에 나는 결론을 내렸다.

'이 사람들을 함께 땀 흘린 기억으로 묶어야겠다.'

그래서 다음 날, 전 직원 1박 2일 여행을 공지했다. 행선지는 온천이었다.

"대표님, 주부들이 가족 두고 여행이라뇨."

처음엔 절반도 참석하지 않았다. 그래도 일정은 그대로 진행했다. 첫 여행에 함께한 사람은 고작 여섯 명이었다. 그런데 그 여섯 명이 다녀온 뒤 분위기가 달라졌다. 다음 달엔 스무 명, 그 다음엔 마흔 명. 코로나 직전에는 150명 가까이가 함께하는 여행이 되었다.

온천을 고른 이유는 단순했다. 사람이 가장 쉽게 경계를 내려놓는 공간이기 때문이다. 온천에 들어가면 사람은 옷만 벗는 게 아니다. 직함도, 실적도, 순위도 함께 내려놓는다. 처음엔 어색해도 몸의 부끄러움을 먼저 넘기고 나면 이상할 정도로 사람 사이가 가까워진다. 그 따뜻한 물 안에서 경쟁도, 질투도, 한 달 동안 쌓인 피로도 조용히 풀렸다.

온천욕을 한 다음 먹는 저녁 식사는 말 그대로 꿀맛이었다. 밤이 깊어갈수록 방마다 웃음소리가 흘러나왔다. 아이 이야기, 영업 첫날의 두려움, 서로의 실수담까지. 그냥 사람 냄새가 따뜻하게 피어올랐다.

나는 그 여행을 준비할 때도 늘 진심을 다했다. 사전 답사는 기본이었다. 한 번은 점심 식당을 고르기 위해 같은 메뉴를 세 번 먹은 적도 있다. 첫 숟가락을 입에 넣을 때 코디님들 얼굴이 먼저 떠올랐다. '아, 이건 좋아하시겠다' 하는 생각이 들면 마음이 꽉 찼다.

그 사람을 움직이는 건 월급만이 아니라는 걸 알고 있었다. 더구나 버티는 힘은 혼자 생기지 않는다. 함께라는 느낌에서 나온다. 그리고 열심히 달려온 사람들에게는 반드시 쉬는 시간이 필요했다. 아무리 좋은 자동차도 브레이크가 없으면 위험하니까.

우리가 하나가 되자 예상치 못한 일이 벌어졌다.

코디들이 고객들만 만나면 내 이야기를 하기 시작한 것이다.

“우리 대표요? 너무 좋아요. 우리 대표님은요…” 하면서 칭찬만 한 것이었다.

어떤 고객은 웃으며 물었다. “이거 다단계 아니에요?”, “종교단체 아녜요?”

나는 웃으며 말했다.

“계란 한 판 2,000원짜리로 무슨 다단계입니까.”

모두 웃었다. 그때 나는 속으로 울컥했다. 그만큼 서로를 믿고 있다는 증거였기 때문이다. 그렇게 1박 2일 여행은 20년 가까이 이어졌다. 비 오는 날도, 눈 오는 날도 우리는 늘 뜨거운 물 속에서 서로의 마음을 데웠다.

사람은 혼자서는 오래 버티지 못한다. 하지만 함께라면 생각보다 훨씬 멀리 간다. 조직을 움직이는 건 목표가 아니라 사람 사이의 온도다.

INSIGHT

사람을 버티게 하는 건 성과가 아니라, 함께 버텨줄 사람이 있다는 확신입니다.

19

삶의 리듬을 설계하는 브랜드가 되다

사업이 잘나가던 시절이었다. 전화는 쉴 새 없이 울렸고, 주문표는 밤마다 길어졌다. 주변에서는 모두 "이제 됐다"고 말했다. 그런데 나는 이상하게도 자꾸 지갑부터 열어보게 됐다. 팔수록 통장이 비어가고 있었기 때문이다.

"이상하잖아. 팔수록 돈이 줄어들다니."

한참을 들여다보니 문제의 원인은 분명해졌다. 물류였다. 그때는 신문, 우유, 야쿠르트, 녹즙까지 세상의 모든 정기배송의 기본이 '매일 배송'이었다. 그래서 나도 아무 고민 없이 그 방식을 따라 했다.

같은 아파트 단지에 월요일부터 금요일까지 매일 계란을 배송했다. 세상의 방식을 그대로 따라 한 결과는 뻔했다. 늘어나는 인건비, 치솟는 기름값. 적자는 눈덩이처럼 불어났다.

어느 날 새벽, 사무실 불을 켜놓고 혼자 계산기를 두드렸다. 회원 한 명이 한 달에 몇 알의 계란을 먹는지, 그걸 주 단위로 나눠서 다시 계산해봤다. 보통 한 가구당 한 달에 계란을 약 33알 소비했다. 우리는 10알씩 포장해 배송했는데, 한 달은 평균 4.3주였다. 계산해보니 답이 나왔다. 일주일에 한 번만 가도 충분했다.

"그래… 매주 한 번이면 되잖아."

그 순간, 무릎을 쳤다. 그 한 줄의 계산이 우리 물류의 운명을 바꿨다.

그때 나는 '미래는 물류를 지배하는 사람이 만든다'고 확신했었다. 그래서 창업 초기부터 직접 물류망을 구축해왔다. 하지만 현실적으로 매일 배송은 불가능에 가까웠다.

그런데 계란이라는 상품은 달랐다. 10알 단위로 포장하면 주간 배송이 가능했다. 우리 계란은 당일 아침 낳은 걸 바로 집란해 세척·포장한 뒤 그날 밤부터 다음 날 새벽 사이에 배송됐다. 산란 후 24시간 안에 고객의 식탁에 도착하는 초신선 시스템이었다.

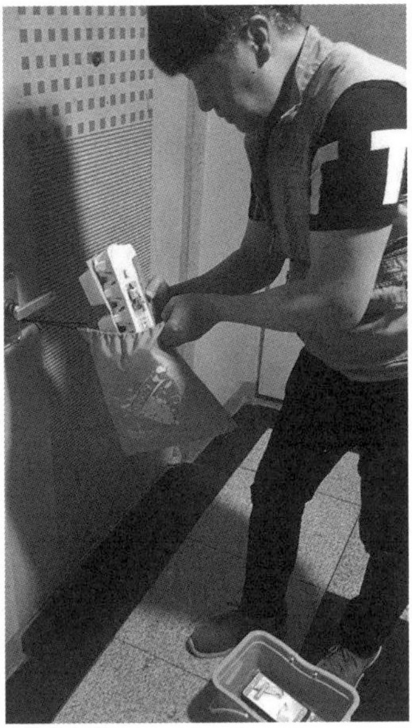

우리는 이 배송을 '갓 만들어서 간다'는 뜻으로 배송 직원을 '갓맨'이라 불렀다. 직접 생산, 직접 배송. 그건 우리만의 자부심이었다.

매일 배송에서 주간 배송으로 전환하자 모든 게 달라졌다. 하루에 다섯 명이 하던 일을 한 사람이 일주일에 몰아서 처리할 수 있었다. 신선도는 그대로, 효율은 다섯 배가 됐다.

하지만 곧 새로운 문제가 나타났다. 당시 우유 회사들이 쓰던 배송 프로그램, '밀크방'은 매일 배송에만 맞춰진 구조였다. 주간 배송을 감당할 시스템이 없었다.

그래서 나는 다시 계산기를 내려놓고 A4 용지를 꺼냈다. 고객 코드 생성, 배송 관리, 결제, 신규 고객 등록, 수금 관리까지 고객관리 프로그램의 구조를 처음부터 직접 설계했다. 그 도면을 들고 수십 개의 소프트웨어 회사를 찾아다녔다. 하지만 거의 대부분의 회사에서 고개를 저었다.

"대표님, 이건 너무 복잡합니다."

자포자기하면서 마지막으로 간 곳이 광주에 있던 쌍용소프트웨어였다. 그곳에서 내 설계도를 한참 들여다보더니 "해볼 수 있을 것 같습니다"라고 말했다.

그렇게 탄생한 것이 포프리 고객관리 프로그램 Ver.1.0이었다. 이 프로그램은 현재는 Ver.9.0까지 진화했다. 버전이 올라갈 때마다 새로운 기능을 추가했다. Ver.4.0에서는 고객이 전화를 걸면 상담원이 전화를 받기 전부터 화면에 고객 이름이 자동으로 떴다.

"○○ 고객님, 안녕하세요."

그렇게 전화를 받으면 고객들은 놀라며 말했다.

"제 이름을 어떻게 아세요?"

그 놀람은 신뢰의 시작이었다. 그 과정을 거쳐 주간 배송 시스템은 완전히 정착됐고, 지금까지 이어지고 있다.

이 모든 과정을 통해 내가 깨달은 것은 하나다. 바로 브랜드는 물건을 파는 방식이 아니라, 사람의 삶의 리듬을 어떻게 설계해주느냐로 결정된다는 것이다.

우리는 계란을 팔았지만, 사실은 고객의 일주일을 설계해주고 있었다. 매일 귀찮게 문을 두드리는 브랜드가 아니라, 한 번의 약속으로 한 주를 편하게 만드는 브랜드. 그게 우리가 가고 싶었던 방향이었다.

INSIGHT

좋은 브랜드는 단순히 물건을 파는 데서 멈추지 않고, 사람의 일상이 편해지도록 삶의 리듬을 설계합니다.

20

나를 살린 건 신뢰였다

사업은 겉으로 보기엔 잘 굴러가고 있었다. 전화는 하루 종일 울렸고, 주문표는 밤이 깊어질수록 길어졌다. 주변 사람들은 하나같이 말했다.

"이제 자리 잡았네."

"이 정도면 성공이지."

하지만 나는 매일 밤 통장부터 열어봤다. 이상하게도 숫자가 늘지 않았다. 아니, 정확히 말하면 팔수록 줄어들고 있었다.

"이상하잖아. 이렇게 파는데 왜 돈이 없지?"

장부를 펼쳐놓고 한 줄 한 줄 다시 봤다. 교육비, 시스템 구축비, 물류 투자, 인건비…. 돈이 들어갈 곳은 끝이 없었다.

나는 분명 구멍가게 같은 사무실에서 시작했는데, 운영 방식은 대기업처럼 하고 있었다. 사람도, 시스템도, 교육도 다 제대로 하고 싶었다. 그러다 보니 몇 달 만에 자금줄이 말라버렸다. 가장 큰 문제는 결제 구조였다. 우리 회사는 고객이 먼저 외상으로 한 달간 배송받은 후, 결제하는 방식이었다. 고객이 늘어날수록 외상이 늘어나는 구조였다.

그래서 매달 같은 질문을 했다. '이번 달은 어떻게 넘기지?' IMF 여파가 여전히 남아 있던 시절이었다. 은행 문턱은 생각보다 훨씬 높았다.

"창업 1년 이하는 대출이 어렵습니다."

"담보가 없으시네요."

어디를 가도 돌아오는 말은 같았다. 그때 내가 가진 담보는 단 하나뿐이라는 사실을 깨달았다. 그건 바로 사람의 믿음이었다. 문득 예전에 직장 다닐 때 거래하던 한 농장 대표님의 얼굴이 떠올랐다. 전화를 걸기까지 한참을 망설였다.

"대표님, 오랜만입니다. 혹시 잠깐 시간 되시면 찾아뵙고 싶습니다."

전화를 끊자마자 손이 떨렸다. 농장에 도착했지만 차 문을 쉽게 열 수 없었다. 운전대 위에 올려둔 손바닥에는 땀이 흥건했

다. '들어가야 하나…. 아직은 아닌가….'

30분 동안 차 안에서 망설이다 결국 문을 열고 농장으로 들어갔다. 대표님은 여전히 따뜻하게 나를 맞아주셨다.

"김 부장! 아니지, 이제 김 사장이구나?"

차를 내주시며 웃으셨지만 나는 아무 말도 할 수 없었다. 머릿속엔 오직 하나뿐이었다. '지금 말해야 하나, 조금 더 기다려야 하나.' 차마 말을 꺼내지 못하고 돌아서려는 순간, 그분이 먼저 물었다.

"내가 도와줄 일이라도 있어?"

그 한마디에 가슴이 무너졌다. 돈 얘기를 꺼낼 수 있어서가 아니라, 내 상황을 이미 눈치채고 있다는 느낌을 받았기 때문이었다. 나는 거의 속삭이듯 말했다.

"대표님…. 2억만 빌려주십시오. 이자는 월 1퍼센트로 드리겠습니다."

대표님은 잠시 나를 보더니 아주 담담하게 웃으며 말했다.

"1퍼센트? 김 사장, 당분간 그냥 써."

그리고 계좌를 부르라 하시더니 바로 2억 원을 송금해주셨다. 그 순간 나는 돈보다 더 큰 걸 받았다. 그건 한 사람이 내 편이라는 확신이었다. 나는 약속한 이자를 단 한 번도 어기지 않았다. 그분은 내 인생의 첫 투자자가 되었다.

하지만 빌린 2억 원은 두 달을 채 버티지 못했다. 다시 돈이 필요했다. 식육점을 하시던 어머니 친구에게서 2억 원, 아파트 경비 아저씨에게 따님 결혼 자금 2,000만 원, 사료 운반 기사님에게 2,000만 원을 빌렸다. 신용 하나로 돈을 빌려준 사람들이었다. 지금도 그 얼굴 하나하나가 선명하다.

그러던 어느 날, 2,000만 원을 빌려준 사료 운반 기사님이 찾아왔다.

"김 사장님, 새 차를 사야 해서 원금 좀 돌려주세요."

나는 고개를 숙였다.

"조금만 기다려주세요. 이자는 한 번도 밀린 적 없습니다."

기사님은 본인도 다급하다며 며칠 뒤 다시 오겠다고 말하고 돌아갔다. 며칠 뒤, 문밖에서 익숙한 목소리가 들려왔다.

"대표님, 안에 계시죠?"

순간 숨이 멎는 것 같았다. 도망치고 싶었지만 출입문은 하나뿐이었다. 나는 반사적으로 직원 책상 밑으로 기어들어갔다. 심장 소리가 바닥까지 울리는 것 같았다.

30분쯤 지나자 "다음에 다시 올게요"라는 말이 들리고 문이 닫혔다. 그제야 책상 밑에서 나올 수 있었다. 직원들 앞에서 그 꼴을 보인 게 너무 부끄러웠다. 하지만 그게 사장의 현실이었다. 아이러니하게도 그 기사님은 지금도 포프리 전용 사료를 운반

하고 계시고, 그 사모님은 20년째 우리 회사에서 함께 일하고 있다. 지금은 웃으며 말할 수 있는 이야기가 됐지만, 나는 그때를 잊지 않고 초심을 지키려 노력한다.

주변에 돈을 빌릴 수 있는 사람이 줄어들자 결국 직원에게까지 손을 벌리게 됐다. 한 직원이 최근에 적금을 탔다는 소식을 들은 나는, 퇴근 후 맥주 한 잔을 제안했다. 어느 정도 술이 오른 뒤 조심스럽게 말을 꺼냈다.

"혹시… 돈 좀 빌려줄 수 있을까요? 이자는 월 1퍼센트로 드릴게요."

그 직원은 미안한 얼굴로 고개를 저었다.

"죄송합니다, 대표님."

아마 회사 사정이 늘 어려운 걸 알아서 빌려주면 못 받을 수도 있겠다고 생각했을 것이다. 허탈한 마음으로 집에 돌아와 누웠는데 새벽녘 전화가 울렸다.

"대표님, 어제 대표님과 맥주 마셨던 직원… 아버님이 돌아가셨답니다."

그 순간 가슴이 죄책감으로 내려앉았다. 내가 돈 이야기를 꺼냈던 그 시간, 그 직원은 아버님을 잃고 있었다. 나는 바로 공항으로 향해 첫 비행기를 타고 서울로 갔다.

도착했을 때 장례식장은 아직 조문객도 없는 조용한 상태였다. 입구에 서 있던 그 직원이 나를 보고 눈을 크게 떴다.

"대표님…. 아니, 어떻게 오셨어요?"

나는 말없이 고개를 숙였다. 조문을 하고 준비해 간 100만 원을 내밀었다. 그 당시의 나에겐 엄청나게 큰돈이었지만 위로와 사과를 함께 담은 돈이었다. 그러나 그 마음이 제대로 전해지지 못했나 보다. 몇 달 뒤, 직원 회식 자리에서 조심스러운 이야기가 흘러나왔다.

"대표님, 그때 그 직원이 그러더래요. 대표님이 장례식에 그렇게 일찍 온 게 자기한테 돈 빌리려고 잘 보이려 한 거라고요…."

그 말을 듣는 순간 잔을 들고 있던 손이 떨렸다. 입술이 굳었고, 참으려 했지만 눈물이 터졌다. 지금까지 버텨온 모든 게 한 순간에 무너지는 기분이었다. 직원들 앞에서 우는 내 모습이 창피하면서도 울음이 멈추지 않았다.

진심이 오해로 바뀌는 순간, 그건 가난보다 훨씬 더 서러운 일이었다. 그렇게 힘든 시절이었지만 하루하루 버티고, 또 버텼다.

어느 날은 매형 집을 찾아가 조심스럽게 돈 이야기를 꺼냈다.

"미안한데… 조금만 도와줄 수 있을까요?"

매형은 잠시 망설이다가 고개를 저었다.

"미안하다. 가족끼리 돈 거래는 안 하는 게 맞다."

그 말이 유난히 차갑게 느껴졌다. 그날 나는 태어나 처음으로 편의점에서 담배 한 갑을 사서 동네 언덕으로 올라가 불을 붙였다. 밤공기는 매섭게 차가웠고, 도시의 불빛은 멀리서만 아른거렸다.

한 모금 빨고 하늘로 연기를 내뿜었다. 연기가 별빛 사이로 흩어졌다. 입안에 남은 쓴맛이 오히려 현실 같았다. 다시 한 모금, '후우—' 내뿜는 순간 이런 생각이 스쳤다. '왜 담배 연기는 흰색일까? 푸른빛이면 이 순간이 조금은 덜 아프지 않을까?' 피식 웃음이 나왔다. 지금 이 순간에도 이런 생각을 하고 있다는 건 아직 내가 살아 있다는 증거였다. 며칠 뒤, 그 장면이 머릿속에서 떠나지 않아 유색 연기가 나는 담배를 구상해봤다. 하지만 인체에 유해하다는 이유로 특허는 끝내 나오지 않았다.

이렇게 나는 어려운 상황에서도 긍정적인 마음으로 버텨왔다.

더 이상 돈을 융통할 수 없게 된 나는 그 당시 1인당 신용카드를 열 장까지 만들 수 있던 제도를 활용했다. 내 명의뿐 아니라 어머니와 누나 명의로도 카드를 만들며 어떻게든 1년을 버텼다. 그렇게 1년을 버티고 나니 비로소 은행의 문이 열렸다.

3억 원. 처음으로 은행 대출을 받았다. 대출을 받은 뒤 2주에 한 번씩 은행을 찾았다. 갈 때마다 치킨, 요쿠르트, 피자 등 간식을 들고 갔다. 특별한 부탁은 하지 않았다. 안부를 묻고, 잠깐 이야기를 나누고, 돌아왔다. 몇 번을 그렇게 드나들자 은행 직원들이 내 얼굴을 먼저 알아봤다.

시간이 흐른 어느 날, 뜻밖의 전화 한 통이 걸려왔다.

"김 사장님, 돈 필요하시죠? 정부 지원 자금이 나왔어요. 지금 바로 신청하세요."

'돈을 빌려달라'고 내가 먼저 은행을 찾은 게 아니라, '돈을 받아가라'고 은행에서 먼저 연락이 온 것이다. 내겐 큰 감동이었다.

정부는 매년 기업을 위해 다양한 정책자금을 지원한다. 하지만 대부분의 기업은 그 존재조차 모른 채 지나친다. 서류는 복잡하고, 신청 기간은 짧다. 결국 먼저 아는 사람이 먼저 쓰는 구조다.

그리고 그걸 가장 먼저 아는 사람들이 바로 은행 담당자들이었다. 그들은 나를 '고객'이 아니라 '인간 김회수'로 기억했다. 그렇게 돈이 내게로 오는 길이 조용히 만들어졌다. 은행에서 걸려오는 이런 전화는 그 후로도 계속 이어졌다.

"김 사장님, 이번엔 농식품 기업 전용 자금이 있습니다."

"이번엔 운송 시스템 개선 지원이 있어요."

이제는 내가 찾지 않아도 돈이 먼저 나를 찾아왔다. 그게 진짜 신용이었다. 은행의 문을 두드리지 않아도, 문이 먼저 열리는 사람.

3년 뒤, 서른셋이 된 나는 은행 대출 15억, 사채 20억. 총 35억 원의 빚을 지고 있었다. 남들은 위기라고 했지만 나는 그때 처음으로 성공했다고 느꼈다. 돈을 빌릴 수 있을 만큼의 신뢰를 얻었기 때문이다.

'돈은 빌리는 게 아니라, 신뢰가 데려오는 것이다.'

그 이후로 나는 늘 그렇게 일했다. 사람을 먼저 얻으면, 돈은 따라온다는 마음으로 말이다.

INSIGHT

돈은 필요할 때 움직이지 않습니다. 신뢰가 쌓였을 때 먼저 움직입니다.

21

감사의 힘

돈을 빌릴 때는 늘 절박했다. 한 푼이 천금 같았고, 숨은 가빴다. 하루가 이상할 정도로 길게 늘어졌다. 은행도, 세상도 나를 믿지 않던 시절이었다. 그럼에도 마음 한편에는 끝까지 놓지 않은 다짐이 하나 있었다.

'빌릴 땐 고개를 숙이지만, 갚을 땐 반드시 고개를 들자.'

그건 나를 지탱한 마지막 자존심이었다. 이자보다 더 중요했던 건 약속이었다.

이자 없이 쓰라고 하셨던 대표님께도 처음 약속드린 월 1퍼센트 이자를 단 한 번도 빠뜨리지 않았다. 날짜도, 금액도 어긴

적이 없었다.

어떤 분의 돈은 10년 넘게 쓴 적도 있었다. 갚을 수 없는 상황은 아니었지만, 나를 믿고 맡겨주신 돈이었기에 최대한 오래, 최대한 이익이 되도록 쓰고 싶었다.

은행에 넣어두는 것보다 훨씬 많은 이자를 드릴 수 있었고, 그게 내가 전할 수 있는 가장 솔직한 감사였다. 돈을 굴리는 방식이 아니라 사람에 대한 감사였다. 그래서 돈을 갚을 때마다 과일 상자, 건강식품, 시계, 여행 상품권 등 작은 선물을 꼭 준비했다. 돈을 갚는 날에는 이상하게도 늘 설렜다. 단순히 '빚을 청산하는 날'이 아니라, 그 시절의 미안함과 고마움을 함께 돌려주는 의식 같은 날이었기 때문이다.

한 번은 2억 원을 빌리며 이렇게 말했다.

"대표님, 이거 다 갚는 날에 소나타 신형 한 대 사드리겠습니다."

농담처럼 던진 말이었지만, 그 약속 하나가 10년 동안 내 삶의 긴장을 유지해주는 줄이 되었다. 절대 느슨해질 수 없게 만드는 줄이었다. 그리고 마침내 모든 돈을 갚던 날, 신형 소나타를 몰고 그분의 집 앞에 섰다.

현관문이 열리자 사모님이 놀란 얼굴로 나를 바라봤다. 나는 아무 말없이 차 키를 내밀었다. 사모님은 한참 동안 차를 바라보다가 두 손으로 입을 막았다. 눈가가 붉어지더니 이내 눈물을 흘리셨다. 그분은 내 손을 꼭 잡고 말했다.

"김 사장님, 이자도 고마웠는데, 정말 정말 감사합니다."

그 순간 가슴이 묵직하게 울렸다. 그날의 일은 '빚 청산'이 아니었다. 은행 서류로 끝나는 거래가 아니라, 사람과 사람이 다시 한번 서로를 믿게 되는 순간이었다.

사업이 커질수록 결제해야 할 일도 많아졌다.

나는 '당연히 줘야 할 돈'을 '감사히 받는 돈'으로 느끼게 만들고 싶었다. 그래서 일부러 말일이 다가오면 거래처에 먼저 전화했다.

"이번 달엔 입금이 열흘쯤 늦어질 것 같습니다. 미리 말씀드립니다."

그러면 대부분 이렇게 답했다.

"괜찮습니다. 알고 있겠습니다."

그러고 나서 원래 결제일보다 이틀 먼저 송금했다. 그러면 반드시 전화가 왔다.

"아니, 늦는다고 하시더니 왜 더 일찍 보내셨어요?"

나는 웃으며 말했다.

"그때 이해해 주셔서 고마워서요. 그래서 조금 일찍 보냈습니다."

그 돈은 거래처가 당연히 받아야 할 돈이었다. 하지만 이런 과정을 거치면 그 돈은 단순한 대금에 머물지 않고, '이 회사 덕분에 우리가 일하고 있다'는 자각을 만들어준다. 이런 인식은 결정적인 순간에 반드시 힘이 된다.

실제로 정말 어려운 날, 한 달만 유예를 부탁했을 때 그들은 단 한 번도 거절하지 않았다. 이미 머릿속에 '이 회사는 신용을 지키는 회사'라는 이미지가 자리 잡혀 있었기 때문이다.

명절이 다가오면 거래처에서 보내온 선물보다 두 배는 더 큰 선물을 보냈다. 그럴 때마다 직원들은 고개를 갸웃했다.

"대표님, 너무 과하지 않습니까?"

나는 웃으며 말했다.

"물가는 오르잖아요. 납품 단가도 언젠가는 오를 테고요. 그럴 때 우리 회사 단가는 가장 늦게 올릴 겁니다."

그리고 덧붙였다.

"지금 보내는 이 선물이 그때를 생각하면 가장 싼 투자예요."

실제로 그랬다. 비슷한 규모의 회사보다 우리는 납품 단가 인상 주기가 길었고, 인상 폭도 낮았다. 그 차이는 명절 선물 상자 안에 들어 있던 작은 감사 카드에서 비롯됐다고 믿는다. 나는 숫자를 관리하기보다 마음의 잔액을 관리했다.

돈은 쓰면 끝이지만, 감사는 남는다. 그리고 그 감사는 언젠가 반드시 돌아온다. 그래서 나는 지금도 믿는다. 약속을 지키는 힘과 서로 감사를 주고받는 마음의 힘이 사업을 가장 멀리 데려간다는 것을 말이다.

INSIGHT

감사는 가장 오래 남는 투자입니다.

22

무너진 둥지, 다시 날아오르다

매출은 계속 오르고 있었다. 정기회원은 늘었고, 물류 차량도 하루가 다르게 증가했다. 사람들은 이제 '녹즙란'을 이야기하기 시작했다. 나도 모르게 이런 말이 입 밖으로 나왔다.

"이젠 다 됐다."

그땐 진심이었다. 하지만 그 말이 얼마나 위험한 주문이었는지, 나는 미처 알지 못했다.

광주에서의 성공은 내게 확신을 줬다. 전라도를 넘어 다른 지역으로 나아갈 계획을 세웠고, 마침내 대전지사를 설립했다. 광주에서 했던 그대로였다. 사람을 모으고, 교육을 하고, 손에 계란 한 팩을 들고 진심으로 이야기했다. 결과는 같았다. 성공이었다. 코디들의 표정엔 자신감이 돌았고, 더 큰 그림을 그리기 시작했다.

'이제 충청을 넘어 수도권으로 가야지.'

그때만 해도 몰랐다. 얼마 뒤 세상이 계란을 '식탁'이 아니라 '죽음'으로 보게 될 줄은 말이다.

2003년 11월. TV 속 아나운서의 표정이 달라졌다.

"국내에서 고병원성 조류인플루엔자가 확산되고 있습니다."

화면은 검은 비닐과 방역복으로 뒤덮였다. 닭 수만 마리가 구덩이에 묻히고, 마스크를 쓴 기자 뒤편으로 연기가 피어올랐다. 뉴스는 밤낮없이 '감염'이라는 단어를 반복했다. "닭고기를 먹으면 위험하다", "계란을 만져도 안 된다", "같은 냉장고에 넣어도 감염된다" 같은 사실과 다른 이야기들이 사람들 입에서 입으로 퍼졌다. 사람 간 전염은 없다는 정보는 제대로 전달되지 않았다. 보건소에 전화가 폭주했고, 학교 급식에서 계란 반찬이 사라졌다. 마트 진열대의 계란 코너는 텅 비었고, 계란을 팔던 가게들은 하나둘 문을 닫았다.

지금은 치료제도 있고 감염 위험도 거의 없다는 걸 알지만, 그때는 "계란을 먹으면 죽는다"는 말이 진실처럼 떠돌았다. 언론은 공포를 키웠고, 사람들은 불신을 키웠다.

이듬해 1월, 고객의 절반이 사라졌다. 전화는 울리지 않았고, 배송 기사들은 반쯤 빈 차량을 몰고 나갔다. 계란 상자 안에는 냉기와 불안만 남아 있었다.

매출이 반 토막 나자 손실은 두 배로 커졌다. 나는 은행을 찾아가 사정을 설명했다.

"조류독감 때문에 매출이 급감했습니다. 자금 지원을 받을 수 없을까요?"

담당자는 서류를 넘기며 말했다.

"정부에서 아직 조류독감 관련 지원책이 없습니다."

그 말 한마디로 끝이었다. 억울했다. 내 잘못도 아니었다. 그날 이후 하루하루가 지옥이었다. 버틸 만큼 버텼다고 생각했을 즈음, 마침내 은행 이자조차 내지 못하게 됐다.

그리고 내 이름 앞에 신용불량자라는 단어가 붙었다.

더 힘든 일은 사람에게서 왔다. 초창기부터 함께 일했던 부장의 친누나가 대전에 살고 있었고, 그분에게 3,000만 원을 빌린 적이 있었다. 이자는 단 하루도 밀리지 않았다. 그런데도 그분은 매일같이 사무실로 찾아왔다.

"대표님, 원금 돌려주세요."

"이자는 정상적으로 드리고 있습니다. 조금만 기다려주십시오."

그러면 돌아오는 말은 같았다.

"이자는 그쪽 문제고, 내 돈은 내 돈이에요."

그 눈빛은 차가웠다. 돈의 무게보다 그 시선이 더 무거웠다.

며칠 뒤, 그 부장이 내게 말했다.

"대표님, 대전 사업… 저희가 인수할게요."

"뭐라고요?"

"대표님도 이제 힘드시잖아요. 누나 돈도 거기서 정리하고요."

그렇게 3,000만 원에 대전지사를 넘겼다. 사람도, 차량도, 시스템도 모두 내주었다. 대전에서 쌓은 시간과 신뢰가 한순간에 사라졌다.

그날 밤, 불 꺼진 사무실에 혼자 남았다. 책상 모서리를 붙잡고 한참을 서 있었다. 배신이었을까, 아니면 내가 너무 순진했던 걸까. 사람을 믿어왔던 방식 자체가 부정당한 느낌이었다.

"여기까지인가…."

그 말이 절망처럼 흘러나왔다.

나는 쫓기듯 광주로 돌아와 북구의 낡은 창고 하나를 얻었다. 벽지는 뜯겨 있었고, 비가 새어 천장엔 물 자국이 번져 있는 곳이었다.

그런데 문을 여는 순간, 낯익은 얼굴들이 보였다. 광주에서 함께 시작했던 사람들, 내 실패를 알면서도 떠나지 않은 코디들이었다.

"대표님, 걱정 마세요."

"이젠 저희가 더 열심히 해볼게요."

그 말이 유독 따뜻했다. 책상 하나, 의자 몇 개, 그리고 사람들. 그게 새 출발의 전부였다. 고객은 절반으로 줄었지만, 나를 믿는 사람은 남아 있었다.

그 믿음이 마지막 숨이었다. 나는 계란 하나를 집어 들었다. 둥글고, 하얗고, 따뜻했다. 손끝에서 조용한 온기가 느껴졌다.

'그래…. 껍질이 깨져야 생명이 나오지.'

그렇게 생각하자 마음이 다시 움직이기 시작했다.

다시 돌아온 광주의 작은 창고. 하지만 나를 믿고 함께한 사람들 덕분에 내 인생은 새롭게 시작되고 있었다. 조류독감은 회사를 무너뜨렸지만, 나를 바꾸었다. 그날 이후로 나는 위기를 두려워하지 않는다. 모든 붕괴는 진화의 전조라는 걸 알게 되었기 때문이다.

세월이 흘러 2022년 어느 날, 그때 대전지사를 가져갔던 부장이 전화를 걸어왔다.

"대표님, 요즘 사업이 너무 어렵습니다. 혹시 대전지역을 다시 인수해주실 수 있을까요?"

순간 말문이 막혔다. 18년 전, 내게서 3,000만 원에 인수해 간 대전이었다. 그는 1억 원을 요구했다. 나는 잠시 생각하다 차분히 말했다.

"그때 그 금액으로 정리합시다. 3,000만 원이면 충분합니다."

그 말은 앙갚음이 아니었다. 그 시절을 마음에서 털어내고 싶었을 뿐이다. 18년 동안 그 사업으로 집도 사고, 아이들도 대학에 보냈을 것이다. 그렇다면 이제는 충분했다. 결국 나는 3,000만 원으로 대전지사를 다시 인수했다.

전화를 끊고 창문을 열었다. 찬바람이 들어왔지만 이상하게도 마음은 따뜻했다. 세상은 냉정하지만, 끝내 공평하다는 생각이 들었다.

무너졌던 둥지는 내가 다시 날아오르기 위한 준비였을지도 모른다.

INSIGHT

무너져도 끝이 아닙니다. 무너진 그 자리에서 무엇을 내려놓고 무엇을 다시 쌓을지 결정하는 순간, 다음 높이가 정해집니다.

23

아낌없이 주고 떠난 사람

"대표님은 그 많은 위기를 어떻게 버텨오셨어요?"

사람들이 가끔 이렇게 물을 때가 있다. 그럴 때마다 나는 잠시 말을 고른 뒤, 조용히 답한다.

"어머니 덕분이죠."

무너질 때마다 나를 다시 일으킨 건 돈도, 명예도, 근성도 아니었다. 딱 하나, 어머니의 사랑이었다.

어머니는 키가 170cm였다. 지금도 그렇지만 1949년생 여성으로서는 매우 큰 키였다. 동네에서는 멀리서도 '키 큰 아줌마' 하면 다들 어머니를 떠올렸다.

사업에 지쳐 부모님 댁에 들렀던 어느 밤이었다. 불도 끄지 못한 채, 씻지도 않고 침대에 누워 있었다. 그때 어머니가 내 방으로 조용히 들어오셨다. 아무 말없이 내 머리칼을 쓸어내리며 속삭이듯 말했다.

"우리 아들… 참 불쌍해…."

그 한마디에 가슴이 무너졌다.

2000년 창업 후, 1년 반쯤 지났을 때였다. 드디어 대출을 실행하려는데, 당시 미혼이었던 나는 부모 보증이 필요했다. 집에 돌아와 사정을 전했다. 창업할 때 "미쳤냐"고 하시던 어머니였다. 하지만 그날은 달랐다. 어머니는 잠시 나를 바라보다 담담하게 말했다.

"은행에 같이 가자."

아무 말도 하지 않으시곤, 그렇게 내 보증을 서주셨다. 그리고 2004년 조류독감으로 회사가 무너졌을 때, 나와 부모님은 함께 신용불량자가 되었다. 살고 계시던 아파트도 은행으로 넘어갔다. 그날, 어머니는 내 손을 꼭 잡고 말했다.

"괜찮아, 회수야. 넌 다시 일어설 거야."

그 말이 그렇게 슬픈 위로가 될 줄은 그때는 몰랐다.

2004년 1월 초였다. 어머니가 조용히 나를 부르셨다. 전보다 말수가 줄어 있었고, 눈빛은 어딘가 멀어져 있었다.

"희수야…."

잠시 침을 삼키고, 어머니가 말했다.

"엄마 이제… 오래 못 살 것 같아."

"무슨 말이에요, 엄마."

어머니는 한참 숨을 고른 뒤 이렇게 말했다.

"우리 아들 너무 불쌍해서… 어쩌냐. 너를 이렇게 두고 엄마가 어떻게 가."

그 말에 아무 대답도 할 수 없었다.

어머니는 말기 간암이었다. 치료 시기를 놓치셨다. 며칠 뒤, 배가 갑자기 불러오기 시작했다. 응급실에 갔지만 의사는 조용히 고개를 저었다. 전남대병원, 하얀 벽의 병실 안에는 낮은 기계음이 흘렀고, 흐릿한 햇빛이 드리웠다.

나는 어머니의 손을 잡았다. 손끝은 얼음처럼 차가웠다.

"엄마, 조금만 더 버텨요. 회사 잘되면 여행도 같이 가야죠."

어머니는 힘겹게 미소 지었다.

"괜찮아…. 엄마는 이제 편하다. 먼저 가서 미안해. 엄마는… 네가 자랑스러워."

숨이 점점 가빠지다, 마지막으로 내 얼굴을 또렷이 바라보시곤 힘겹게 말씀하셨다.

"우리 아들… 사랑해."

그 말이 끝나기 무섭게 기계음이 길게 울렸다. 그렇게 어머니의 마지막 숨이 멈췄다.

어머니는 1949년 3월 21일에 태어나 2004년 3월 1일, 쉰다섯을 채우지 못한 나이에 조용히 생을 마감하셨다. 엄마로서 담대했고, 여자로서 처연했던 짧은 생이었다.

장례를 치르고, 어머니의 뜻대로 화장을 해드렸다. 하지만 나는 어머니를 전부 묻지 못했다. 효도 한 번 제대로 못 해드리고 그렇게 보내드릴 수 없었다. 어머니의 재 한 줌을 유리병에 담아 품에 안고 집으로 돌아왔다.

그날 이후 10년 동안, 나는 매일 아침 밥상을 차렸다. 된장국, 김치, 계란 프라이. 가끔은 어머니가 좋아하셨던 감도 올렸다. 출장을 갈 때면 그 유리병을 함께 챙겼다. 낯선 도시를 지날 때마다 뚜껑을 열고 아주 조금씩 재를 흩뿌렸다.

"이젠 자유롭게 여행 다니세요, 엄마."

어머니는 나훈아를 참 좋아하셨다. 너무 좋아하셔서 돌아가시기 전, 나훈아 콘서트에 같이 간 적도 있다. 그래서 TV에서 그의 노래가 나오면 늘 흥얼거리셨다. 어머니가 떠난 뒤, 나는 그 유리병을 품고 나훈아 콘서트에 갔다.

무대 조명이 켜지고 〈홍시〉의 첫 소절이 흘렀다.

"생각이 난다…. 홍시가 열리면… 울 엄마가 생각이 난다…."

그 순간, 가슴이 미어졌다. 무의식중에 따라 불렀다. 목이 메었다. 그날, 나는 그 노래 한 곡으로 어머니를 다시 만났다.

어머니가 돌아가시고 며칠 뒤, 보험사에서 전화가 왔다.

"김회수 님 되시죠? 고인께서 생전에 가입하신 보험이 있습니다."

아버지와 누나도 모르게, 내 이름으로 들어둔 사망보험금 6,000만 원이었다. 그 돈은 내겐 어머니의 마지막 심장박동처럼 느껴졌다. 어머니는 아마 신용불량자인 내게 마지막 기회를 주고 떠나신 거였을 것이다.

집에 돌아와 어머니 앞에 앉았다.

"엄마, 잘 받았어요. 이 돈으로 반드시 성공해 보일게요. 자랑스러운 아들이 될게요."

나는 한참을 울고, 또 울었다.

어머니가 남겨주신 6,000만 원은 자본금이 아니었다. 사랑의 유언장이었다. 나는 그 돈으로 회사를 다시 세웠다. 그 돈을 한 장 한 장 쓸 때마다 등 뒤에서 어머니의 목소리가 들리는 것 같았다.

"괜찮다. 너는 할 수 있다."

세상이 묻는다.

"너를 여기까지 데려온 건 무엇이었나?"

나는 다시 한번 말할 것이다.

"어머니의 사랑 덕분이죠."

어머니가 너무 보고 싶다.

INSIGHT

사람이 끝까지 버틸 수 있는 이유는 무한히 믿어주는 어머니의 사랑과 그 믿음을 이어받아 내 편이 되어준 사람이 있기 때문입니다.

24

다시, 이름을 되찾다

광주로 돌아왔을 때, 나는 빈털터리였다. 내게 남은 건 35억 원의 빚뿐이었다. 이미 신용불량자가 되어 있었고, 내 이름으로는 사업자등록조차 낼 수 없었다. 이름은 여전히 김회수였지만, 세상은 나를 신용불량자로만 불렀다.

어머니가 남기고 가신 사망보험금은 개인적으로 돈을 빌려주신 분들의 이자로 쓰였고, 불과 석 달 만에 거의 바닥이 났다.

그 즈음, 한 통의 전화가 걸려왔다.

"야, 잘 지내냐?"

대학 때 같은 무역학과 친구였다. 대학 졸업 후 거의 8년 만의 통화였다. 대학 때 워낙 친하게 지냈던 친구라, 오랜만의 통화였음에도 엊그제 만난 사이처럼 익숙했다.

"나 이번에 호주 여행 가는데, 혹시 가방 큰 거 있어?" 하고 물어왔다.

그 말을 듣는 순간, 가슴이 철렁 내려앉았다. '지금 내 꼴을 알면 뭐라고 할까.' 나는 사무실이 아닌 근처 카페에서 가방을 건넸다. 괜히 내 현실을 보여주고 싶지 않았다. 그동안의 못다 한 이야기들을 나누며 "좋은 여행 다녀와라"라고 말했다. 웃으며 말했지만, '다시는 마주치고 싶지 않다'는 마음이 솔직한 심정이었다.

그런데 일주일 뒤, 그 친구에게서 다시 전화가 왔다.

"가방 돌려주려고 하는데, 사무실 주소 좀 알려줘."

"괜찮아, 나 지금 밖이라서 다음에 줘도 돼."

"아니야. 지금 가져다줄게."

목소리가 이상하리만큼 단호했다. 나는 마지못해 주소를 알려줬다. 그날 오후, 사무실 문을 열었을 때 빌려주었던 가방과 함께 봉투 하나가 놓여 있었다. 봉투를 열자 편지가 나왔다.

"희수야. 최근 네 소식을 친구들 통해 들었다. 많이 힘들지. 그래도 난 널 언제나 믿어. 넌 꼭 잘 해낼 거야. 나 최근에 적금을 탔어. 당장 쓸 데도 없고, 네가 더 필요할 것 같아서 놓고 간다."

편지 아래에는 수표 한 장이 들어 있었다. 2,000만 원. 나는 그 자리에 한참을 멍하니 서 있었다. 세상이 나를 버렸다고 느꼈던 순간, 한 사람이 내 이름을 아직 믿고 있다는 증거였다.

'그래… 아직 완전히 끝난 건 아니구나.'

며칠 뒤, 그 친구에게 전화를 걸어 카페에서 다시 보자고 했다. 커피잔 사이로 어색한 침묵이 흘렀다.

"고마워."

나는 감사 인사를 전한 뒤 잠시 망설이다가 염치없는 부탁을 꺼냈다.

"나… 신용불량자라 사업자등록을 못 내. 혹시… 네 이름으로 사업자등록을 내줄 수 있을까?"

친구는 한동안 내 얼굴을 가만히 바라봤다. 그리고 아무렇지 않게 웃으며 말했다.

"그래. 내 이름, 마음껏 써. 대신 꼭 성공해라."

그 한마디에 가슴이 먹먹해졌다.

그날 이후, 나는 친구의 이름으로 다시 사업을 시작했다.

그렇게 4년이 흘렀다. 2008년 어느 겨울, 낯선 번호로 전화가 걸려왔다.

"김회수 대표님 맞으십니까? 조류독감 피해 기업으로 인정되어 15억 원의 은행 채무가 탕감되었습니다."

순간, 심장이 '쿵' 하고 내려앉았다. 눈앞이 흐릿해졌고, 입술이 떨렸다. 그건 빚이 사라진 기쁨 때문이 아니었다. 사라졌던 '존재로서의 나'가 세상에서 다시 복원되는 순간이었기 때문이었다. 나는 곧장 친구에게 전화를 걸었다.

"○○야… 나 신용불량자 해제됐어. 이제 다시 내 이름으로 살 수 있게 됐어. 정말 네 은혜 잊지 않을게."

전화기 너머에서 친구가 웃으며 말했다.

"회수야, 고생했다."

그 한마디에 그동안 버텨온 모든 고통이 사라졌다.

INSIGHT

자기 이름을 믿어주는 단 한 사람이 있으면, 삶은 다시 살아볼 만해집니다.

4장

조금 다르게,
세상이 기억하도록,
세상에 기여하도록

25

포프리, 신념을 담은 이름을 걸다

조류독감의 악몽이 지나가고, 광주에서 나를 믿고 끝까지 따라준 직원들과 함께 우리는 1년 만에 광주 북구의 허름한 창고를 나왔다.

새로 얻은 사무실은 40평 남짓이었다. 하지만 직원이 30명으로 늘어나자 그 공간은 금세 '전쟁터'가 되었다. 책상과 의자 사이엔 발 디딜 틈이 없었고, 전화벨은 동시에 울려댔다. 옆자리 상담 내용이 그대로 들릴 만큼 모든 게 빼곡했다.

"안녕하세요, 유기원입니다!"

당시 회사 이름은 유기원이었다. '유기농의 유기有機'와 '하나

뿐인 원(One)'을 합쳐 만든 이름이었다.

어느 날, 옆자리에서 들려오는 상담 내용을 듣다 나는 멈칫했다.

"거기 계란집 아니에요? 녹즙란인가… 뭐 그런 데요?"

그 순간, 머릿속이 번쩍했다.

'아… 고객은 회사 이름이랑 제품 이름을 두 번 외우고 있구나.' 우리처럼 작은 회사가 회사 이름과 브랜드 이름을 따로 인식시키고 있었다. 코카콜라가 제품명이자 회사명인 것처럼, 우리도 제품과 회사를 하나의 이름으로 묶어야 했다.

하지만 '유기원란', '유기란'은 왠지 힘이 없었다. 입에 붙지도, 마음에 남지도 않았다. 이름을 다시 고민해야 했다. 그 고민에 결정타를 날린 사건이 하나 더 있었다.

어느 날 마트에 들러 진열대를 둘러보다 낯익은 상자가 눈에 들어왔다.

'녹즙란—신선한 건강계란.'

포장지의 색감, 글씨체, 심지어 광고 문구까지 우리 제품과 너무 비슷했다. 심장이 '쿵' 내려앉았다. '이건… 내 브랜드잖아.' 나는 마트 직원에게 물었다.

"이거 어디서 나온 제품이에요?"

직원은 아무렇지 않게 말했다.

"요즘 이런 이름 계란 많아요. 인기 좋던데요?"

돌아오는 길, 나는 처음으로 '상표'라는 단어를 진지하게 고민해보았다. 그전까지 상표특허는 나와는 먼 세상의 이야기였다. 하지만 그날 이후 이름은 지켜야 할 자산이 되었다. 새로운 이름을 찾기 시작했다.

'프리Free'라는 말은 꼭 살리자.' 이 원칙을 세우고 녹즙란을 개발하며 계란에서 없애고 싶었던 것들을 하나씩 적어 내려갔다.

항생제, 살충제, 세균, 바이러스, 유전자 조작, 비린내…. 화이트보드에 적어놓고 손가락으로 하나씩 짚어가며 세어봤다. 원프리, 투프리, 쓰리프리…, 포프리…, 텐프리…. '텐프리'는 너무 많았다. 현장에서 고객에게 열 가지를 설명할 시간은 없었다.

핵심만 남기자. 가장 중요한 네 가지. 그렇게 '네 가지 유해 요소로부터 자유로운 계란', '포프리Four Free'라는 이름이 탄생했다. 소리 내어 불러보니 입에도, 마음에도 착 붙었다. 지금까지 중요하게 여겨온 것들, 내 다짐, 내 바람이 모두 담긴 이름 같았다.

'내가 사랑하는 사람들이 안심하고 먹을 수 있는 계란.'

그게 포프리에 담은 신념이었다. 그날부터 포프리는 단순한 제품명이 아니라 약속의 이름이 되었다. 하지만 이름을 정했다고 해서 그 약속이 저절로 지켜지는 건 아니었다.

포프리라는 이름을 붙이고 나서야 나는 더 무거운 질문 앞에 서게 됐다.

'이 이름을, 누가 어떻게 전할 것인가.'

아무리 좋은 이름이라도 그걸 전하는 사람이 가볍다면 약속은 금세 말뿐이 된다. 반대로 이름에 담긴 뜻보다 사람의 태도가 먼저 기억된다면, 그 이름은 살아 움직이기 시작한다.

브랜드는 로고로 완성되는 게 아니라, 사람의 얼굴과 말투, 그리고 문 앞에서의 행동으로 완성된다. 그래서 이름을 바꾸는 데서 멈추지 않았다. 이제는 그 이름에 걸맞은 사람을 길러내야 했다. 매일 영업나가기 전 말투, 표정, 인사, 목소리의 높낮이까지 서로 점검했다. 그 시간은 판매요령을 익히는 시간이라기보다 우리 제품으로 다른 가정의 건강을 지킨다는 책임을 배우는 시간이었다.

어느 날, 콜센터로 전화 한 통이 걸려왔다.

"안녕하세요, 포프리죠? 아까 조○○ 코디님이 다녀가셨는데요. 그분 앞으로 실적 꼭 넣어주세요. 그리고 꼭 전해주세요. 너무 감사했다고요."

무슨 일인가 싶어 상담원에게 자세히 물어보라고 했다.

초인종을 누르니 고객이 문을 열었는데, 마침 아이가 울어 방으로 들어가며 "조금만 기다려 달라"고 했다고 한다. 아이는 계속 울었고, 결국 "다음에 오세요"라는 말을 듣고 코디는 돌아섰다. 조금 뒤 고객이 문을 잠그려고 나와보니 현관의 신발이 가지런히 정리돼 있었고 신발장 위에 명함이 한 장 놓여 있었다고 했다.

그 이야기를 듣는 순간, 전율이 흘렀다. 우리가 매일 점검했던 말투와 표정, 인사의 각도와 목소리의 높낮이는 결국 그 문 앞에서 조용히 증명되었다.

그 코디님이 자랑스러웠다. 그리고 솔직히 말하면, 그런 코디님이 우리 회사에 있다는 사실이 뿌듯했다. 그날 이후로 나는 더더욱 포프리는 잘 팔리는 회사가 아니라, 사람을 남기는 회사여야 한다는 신념을 가지게 되었다. 그리고 그 이름을 지키는 건 광고도, 포장도 아닌 문 앞에 서 있는 한 사람이라는 사실을 확신하게 되었다.

이런 생각을 하며 지내던 어느 날, 사무실 TV 화면이 갑자기 바뀌었다. 늘 그렇듯 YTN을 틀어놓았던 오후였다. 나는 뉴스가 배경처럼 흐르는 사무실을 좋아했다. 고객의 삶은 책상 위가 아니라, 늘 화면 너머에서 이어지고 있었기 때문이다.

그날 화면 속에는 검은 연기와 붉은 불빛이 가득했다.

'부산 해운대 고층 아파트 화재…. 주민 긴급 대피.'

순간, 머릿속에 한 가지 생각이 스쳤다.

'저기에도… 분명 우리 고객이 있을 텐데.'

곧바로 고객 명단을 확인했다. 202세대 중 13세대가 포프리 회원이었다. 즉시 콜센터에 지시했다.

"지금 바로 연락해서 모두 안전한지 확인하세요."

다행히 모든 가정이 무사했다. 하지만 그걸로 끝이 아니었다. 뉴스 자막이 다시 떴다.

'유해가스 잔류로 3일간 아파트 전면 폐쇄 조치'

그걸 보자마자 주저하지 않고 말했다.

"긴급 구호 키트 준비합시다."

속옷도, 세면도구도 없이 대피했을 상황이었다. 광주 본사에서 13개의 구호 키트를 만들었다. 수건, 세면도구, 속옷, 생수,

간식, 그리고 손편지 한 장. 배송 담당 직원이 그 상자들을 싣고 직접 부산으로 향했다.

며칠 뒤, 회사 홈페이지에 이런 글들이 올라왔다.

"계란 배달 회사가 이렇게까지 해줄 줄 몰랐어요."

"이런 회사라면 평생 고객 하겠습니다."

"고객이 아니라 가족처럼 느껴졌어요."

그 글을 읽으며 나는 생각했다.

'우리는 물건을 파는 회사가 아니라, 안심을 전하는 회사구나.' 당시 고객 한 명당 월 매출은 평균 1만 원이었다. 하지만 나는 고객을 금액으로 나누지 않았다. 1,000원을 써도 우리 고객이었다. 고객 한 분, 한 분 그 자체가 브랜드의 생명이라고 믿었다. 그 일 이후 13명의 고객은 100명이 되었고, 그 100명은 다시 1,000명을 모셔왔다.

어떤 광고도, 어떤 프로모션도 한 번의 진심을 이길 수는 없다. 그게 포프리였다.

INSIGHT

브랜드는 이름으로 기억되지 않습니다. 그 이름에 담긴 약속을 매일 대신 행동해준 사람으로 기억됩니다.

26

청계천에 오리를 풀었다고?

코디님들이 낯선 초인종 앞에서 "안녕하세요"를 자신 있게 말하려면, 그 뒤의 '포프리'라는 이름에 힘이 있어야 했다. 그래서 결심했다. 'TV 광고를 하자.'

브랜드의 이름을 들었을 때 제품보다 먼저 따뜻한 얼굴이 떠오르게 하고 싶었다. 결심이 서자, 일은 일사천리로 진행됐다. 광고 콘티는 직접 썼다. 처음부터 끝까지, 내 손으로 적었다. 글을 쓰다 웃다가, 어느 순간 울었다.

시대는 1970년.

방과 후, 흙냄새가 깊게 밴 들판에서 초등학생 딸아이가 엄마를 돕는다.

햇빛이 사라지는 밭고랑에는 삽질 소리가 일정한 박자로 울린다. 손등은 햇볕에 거칠고, 살갗엔 먼지가 얇게 내려앉았다.

해가 기울자, 두 사람은 밭고랑 끝에서 서로의 손을 꼭 잡는다. 그 손은 땀으로 젖어 있었고, 묘하게 따뜻하다.

골목 어귀로 들어서는데, 딸아이 친구가 엄마 손을 잡고 뛰며 말한다.

"엄마, 내일 소풍이야! 맛있는 거 많이 사줘!"

그 순간, 딸아이는 멈칫한다.

고개를 살짝 숙인다. 아무 말이 없다.

집안 형편을 알기에, 아이는 소풍 이야기를 엄마에게 꺼내지 않는다. 속이 깊은 아이였다.

그날 밤, 부엌에서 엄마는 내일 장에 내다 팔 달걀을 꺼낸다.

큰 솥에 물을 붓고, 장작불을 피운다. 장작이 타며 '탁, 타닥; 소리를 내고, 물이 끓자 달걀이 부딪히며 '퉁, 퉁, 퉁' 소리를 낸다. 솥뚜껑 사이로 김이 피어오르고, 다 삶아진 계란을 가방에 넣는다.

아이는 이불 속에서 실눈을 뜨며 미소 짓는다. 그 순간, 세상에서 가장 부드러운 사랑이 완성된다.

화면이 서서히 겹친다.

그 소녀가 자라 엄마가 된다. 이번엔 자신의 아들 소풍 가방을 싼다.

삶은 달걀을 조심스레 집어넣으며, 그날 엄마가 싸준 소풍 가방을 떠올린다.

마지막 카피가 뜬다.

"한 알에 담긴 사랑, 포프리."

콘티를 다 써놓고도 나는 한참 동안 모니터 앞에서 움직이지 못했다. 가슴이 먹먹했다. 그건 억지로 만든 광고가 아니었다. 바로 우리의 이야기, 어릴 적 우리의 모습이었기 때문이다. 하지만 현실은 냉정했다. 제작비가 넉넉하지 않아 퀄리티는 아쉬웠

고, 미장센은 거칠었으며, 감정선도 어딘가 끊겼다. 그래도 믿었다. '진심이면 되겠지.'

지방 방송국에 광고를 송출했다. 결과는 참혹했다. 한 달 동안 전화 주문 단 1건. 나는 며칠 밤을 새우며 칠판에 '왜'라는 글자만 반복해서 썼다. 그리고 마침내 이유를 찾았다. 광고는 인지 → 탐색 → 구매의 경로가 연결돼야 작동한다. 사람은 TV에서 감동을 받고, 마트에서 사고, 주변과 공유한다. 그런데 우리는 회원제 직배송 모델이었다. 감동을 받아 마트로 가도, 살 제품이 없었다.

감동이 머물 곳을 잃은 것이다. 그제야 깨달았다. 감동도 경로가 있어야 한다는 걸 말이다. 그 길을 설계하지 못한 감동은 고객의 마음에 닿기도 전에 흩어진다. 그래서 다시 적었다.

'우린 화면보다 현장이 먼저다.'

브랜드는 보이는 순간보다, 직접 만나는 순간에 각인된다. 사람들 기억에 오래 남을 장면이 필요했다. 보고, 미소 짓고, 말하고, 따라 하게 만드는 장면. 한참을 고민하다가 어릴 적 해남 개울에서 건너던 징검다리가 떠올랐다.

엄마 손을 꼭 잡고 징검다리를 건너던 그날, 물살을 헤치며 지나가던 오리 가족. 그날의 냄새, 물소리, 첨벙거리는 소리, 오리 가족의 움직임까지 모든 정취가 고스란히 남아 있었다. 생각이 여기까지 닿자, 나는 '오리'에 집중했다. 그리고 청계천을 떠올렸다.

2005년, 막 복개가 끝난 청계천. 도시 한복판의 인공 물길. '여기에 진짜 생명을 풀어놓자' 하는 생각을 하게 된 것이다. 그렇게 오리 방류 프로젝트가 시작됐다.

육용 오리는 헤엄을 배우지 않으면 물에 빠져 죽는다고 했다. 그래서 먼저 사무실을 '훈련장'으로 만들었다. 어미 오리 100마리, 새끼 오리 100마리. 고무통에다 물을 받아 놓고 물을 가까이하도록 훈련시켰다. 직원들은 고무장화를 신고 물통을 닦으며 이 장면이 웃긴지 연신 웃어댔다.

디데이는 5월 5일 어린이날 전날 밤.

모두 잠든 시간, 트럭에 오리를 싣고 서울로 향했다. 청계천 수면은 유리처럼 고요했다. 우리는 오리 가족을 풀어놓고, 군데군데 오리 사료가 담긴 항아리를 놓았다. 뚜껑에는 짧은 메시지를 붙여 두었다.

"오리 친구들에게 모이를 주세요. 포프리팜에서 귀여운 오리 가족을 준비했습니다."

그날 밤 찜질방에서 눈을 붙였다가, 새벽에 다시 청계천으로 나갔다.

햇살이 강 위에 박혔다. 오리들이 꼬물거리며 헤엄쳤고, 아이들이 손가락으로 가리켰다.

"엄마, 오리야!"

웃음소리가 물결처럼 번졌다.

그 순간, 브랜드가 화면 밖으로 걸어 나온 것을 확실히 느꼈다. 그건 광고보다 오래 남는, 살아 있는 장면이었다.

그런데 오리가 몇 마리밖에 보이질 않았다. 하류로 내려간 모양이었다. '그래, 살아 있는 생명이니깐 어쩔 수 없지' 하며 광주로 내려왔다.

다음 날, 콜센터로 전화가 왔다.

"여보세요, 포프리죠? 서울시청입니다. 혹시 어제 청계천에 오리 푸셨습니까?"

심장이 철렁했다.

"예… 좋은 뜻에서…."

"이번엔 그냥 넘어가겠습니다. 다만 오리 잡아놨으니 가져가세요."

전화를 끊자 회의실은 웃음바다가 됐다. 그 웃음 속에서 나는 한 가지를 분명히 보았다.

작은 회사의 마케팅은 보이게 만드는 것으로 끝나선 안 된다.

보이게 하고 → 말하게 하고 → 참여하게 만들고 → 관계로 이어져야 한다. 사람은 광고를 보며 감동받지만, 그 감동이 손에 잡히지 않으면 금세 잊는다.

브랜드란 결국 사람이다. '봤다'보다 '느꼈다'로 기억되는 것이다. 그 기억 하나가 작은 기업을 거인처럼 키운다.

INSIGHT

브랜드는 설명되는 것이 아니라, 사람들이 직접 겪고 말하게 될 때 커집니다.

27

당신이 다시 웃게 되길 바랍니다

사업이 잘될수록 마음 한쪽이 비어가는 느낌을 지울 수 없었다. 매출표는 분명 오르막이었지만 밤이 되면 늘 같은 질문이 돌아왔다.

'나는 왜 이 일을 하고 있는 걸까.'

'돈 때문일까, 명예 때문일까.'

그 질문을 끝까지 밀어붙이면 답은 언제나 하나였다.

나는 누군가가 내 손에서 무언가를 건네받으며 잠시라도 웃는 얼굴이 좋았다. 그 한 번의 미소를 보려고 일했고, 그 표정을 다시 보고 싶어서 다음 날도 눈을 떴다.

그래서 직원들에게도 그 웃음을 선물하고 싶었다. 우리는 해마다 한 번, 불꽃축제를 열었다. 동네 잔치가 아니라 도시의 밤을 가득 채울 만한 규모로. 불꽃이 연달아 터질 때면 사람들은 하늘을 올려다봤다. 하지만 나는 하늘이 아니라 옆을 살폈다. 불꽃보다 더 아름다운 건 그 불빛을 보며 환하게 웃는 사람들의 얼굴이었기 때문이다.

그렇게 나누는 방식의 사랑은 해를 거듭할수록 조금씩 커졌다. 함께 야구장도 가고, 퇴근길 포장마차에 둘러앉아 국물 한 그릇을 나눴다. 때로는 부부 동반으로 여행을 떠났고, 서로에게 기대는 법을 배우며 어느새 '가족 같은 회사'가 되었다. 매출은 불처럼 타올랐다. 그래서 결심했다. '이제, 해외로 가자.'

2000년대 초반에는 해외여행이 지금처럼 흔하지 않았다. 우리의 첫 해외연수는 2001년 1월에 이루어졌다. 직원 대부분이 여권조차 없던 시절이었다. 모두들 서류를 챙기는 손끝에 설렘이 묻어났다.

그때 유독 눈에 들어오는 한 사람이 있었다. 20대 중반의 나이였지만 두 아이의 엄마였던 그녀는 단정했고, 따뜻했다. 그녀가 웃으면 사무실 전체의 공기가 한 톤 밝아졌다. 여행을 준비하던 어느 날, 여행사에서 연락이 왔다. 그녀의 여권 발급을 위해 시아버지와의 통화가 필요하다는 전갈이었다.

수화기 너머로 아이들 목소리가 들려왔다. 겨울방학이라 해남 시댁에 맡겨둔 모양이었다. 그녀는 용건만 전하고 전화를 내려놓았다. 아주 평범했던, 보통의 오후였다. 그런데 퇴근 30분 전쯤 전화가 울렸다. 전화를 받은 그녀는 정신없는 목소리로 말했다.

"아이가 다쳤대요. 지금 해남으로 가야 해요."

그녀는 손에 들고 있던 서류를 내려놓고 거의 뛰다시피 문을 나섰다. 그 순간, 설명할 수 없는 불안이 목덜미를 잡아끌었다. 나는 곧바로 해남 병원으로 전화를 걸었다.

"혹시 박○○이라는 아이가 응급실에 있나요?"

짧은 정적. 잠시 후 이어진 낮고 건조한 대답.

"…네, 있습니다."

"상태는요?"

"…유감입니다."

머리가 하얘졌다. 나는 곧장 차를 몰았다. 비가 왔는지, 바람이 불었는지 기억나지 않는다. 심장이 도로를 뚫고 달리는 것 같았다.

응급실 문을 여는 순간, 세상의 모든 소리가 꺼진 듯 느껴졌다. 병상 위에 두 아이가 누워 있었다. 첫째와 둘째가 서로의 손을 꼭 잡은 채였다.

나중에 들은 이야기로는 이랬다. 막내가 논 옆 웅덩이에 먼저 빠졌고, 그걸 본 누나가 동생을 구하기 위해 물속으로 들어갔다고 했다.

"동생 손부터 잡았대요."

아이들은 끝까지 서로의 손을 놓지 않았다. 그녀는 병실 바닥에 주저앉아 통곡하고 있었다. 그 모습을 보며 나는 같은 생각만 되풀이했다. '내가 해외여행 얘기만 하지 않았어도, 아이들을 시골에 맡기지 않았을 텐데….'

열흘 뒤, 그녀는 다시 출근했다. 더 쉬라고 말하고 싶었지만 말리지 않았다. 어쩌면 일을 하는 게 조금은 나을지도 모른다고 생각했기 때문이다. 해외연수도 설득해서 함께 다녀왔다. 하지만 그녀의 웃음에는 늘 그림자가 드리워져 있었다.

몇 년이 흐른 어느 날, 조용한 카페에서 마주 앉았다.

"○○ 씨… 이제 아이들 좀 보내주세요."

그녀는 대답하지 않았다. 손끝만 미세하게 떨렸다.

"아이들을 계속 품에만 두면 아이들도 못 가고, ○○ 씨도 못 살아요."

그녀는 눈을 감았다. 눈물 대신 길고 깊은 숨이 터져 나왔다. 오래 얼어 있던 시간이 그제야 금이 가기 시작했다. 나는 조심스레 그녀에게 제안했다.

"연말에 하는 사업전진대회 때 아이들을 추모하는 영상을 만들어 이제 하늘로 보내줍시다."

한참을 생각하더니 이제는 마주할 용기가 생겼던지 그 제안을 수락했다. 촬영은 며칠에 걸쳐 진행되었다.

첫날, 우리는 아이들이 빠졌던 논으로 갔다.

그녀는 진흙 위에 무릎을 꿇고 손으로 물을 더듬었다.

"여기였지… 여기 있었지…."

소리 없는 울음이었다. 그녀의 어깨가 작게 떨렸다.

둘째 날에는 아이들의 재를 뿌렸던 산으로 향했다. 매서운 바람이 불었고, 그녀는 땅에 입을 대고 속삭였다. "엄마 왔어…."

며칠 사이 그녀는 거의 먹지도, 잠들지도 못했다.

마지막 촬영 때 편지를 써 풍선에 매달아 하늘로 보내기로 했다. 하얀 종이 위에 조심스럽게 써 내려가는 한 글자 한 글자가 눈물이었다.

"사랑하는 우리 ○○이, ◇◇이에게.

우리 애들, 잘 지내고 있니? 엄마가 그날, 단 한 걸음만 더 빨리 달려갔어도 너희들을 안아줄 수 있었을 텐데….

미안해, 정말 미안해. 너희가 춥지 않게, 외롭지 않게, 엄마가 매일 기도할게.

엄마가 다시 너희를 안을 수 있을 때까지 조금만 기다려줘.

○○아, 누나 말 잘 듣지? ◇◇아, 동생 잘 돌봐주고 있지?

엄마가 너희들 몫까지 살다가 자랑스러운 엄마로 너희 앞에 설게. 사랑해. 정말… 정말 많이 사랑해."

그녀는 펜을 내려놓았다. 눈물이 종이에 떨어져 잉크가 번졌다. 준비해둔 풍선에 편지를 매달았다. 하지만 그녀는 하늘을 올려다보았을 뿐 풍선을 날리지 못했다. 그저 두 손으로 꼭 쥔 채 천천히 숨을 내쉬었다. 아직 보내줄 수 없다는 듯한 몸짓이었다.

그리고 다음 날, 그녀는 자취를 감추었다. 연락이 닿지 않았고, 주소도 달라져 있었다. 하루가 지나고, 한 달이 지나고, 계절이 세 번 바뀌는 동안 그녀는 돌아오지 않았다.

그로부터 3년 뒤, 문이 열렸고, 그녀가 서 있었다. 예전보다 말랐지만 눈빛은 한결 고요했다.

"대표님, 잘 계셨어요? 저 이제 괜찮아요."

그 말을 듣는 순간, 그동안 버텨온 숨을 그제야 내쉴 수 있었다. 그날 촬영했던 마지막 장면을 나는 끝내 그녀에게 보여주지 않았다. 혹시 이 글을 그녀가 언젠가 읽게 된다면, 그 장면을 전하고 싶다. 성우 두 명을 섭외해 준비해둔 '하늘에서 온 답장'이다.

"엄마, 안녕. 우리 잘 있어. 이제 춥지도, 무섭지도 않아.

하늘은 맑고 따뜻해. 우리는 매일 구름 뒤에서 엄마를 보고 있어. 엄마가 울면 비가 내려. 그래서 우리도 같이 울어.

○○이는 여전히 장난꾸러기야. 그래도 내가 매일 웃게 만들어.

엄마가 얼마나 울었는지, 얼마나 미안해했는지, 그리고 얼마나 우리를 사랑했는지 우린 다 알아. 그러니 이젠 조금 웃어줘.

엄마가 웃으면 우리 하늘도 더 밝아져.

언젠가 다시 만나면 우리 손 꼭 잡고 함께 소풍 가자.

우리는 늘 엄마 곁에 있어. 늘 그랬고, 앞으로도 그럴 거야.

사랑해, 엄마."

나는 아직도 성우들이 조용히 읽어가던 그 목소리를 잊지 못한다. 사랑은 때로 누군가의 세상을 대신 울어주는 일이고, 또 그 눈물을 오래 잊지 않는 일이다. 그래서 나는 오늘도 묻는다.

'왜 이 일을 하는가.'

답은 바뀌지 않는다.

'누군가의 얼굴에 다시 한번 빛을 밝혀주기 위해, 그리고 그 빛을 지켜주기 위해 내일도 일어나 일을 시작할 것이다.'

28

새벽 6시, 자신의 가치를 증명하는 사람들

코로나 이전, 직원 수는 520명까지 불어났다. 광주에서 시작한 본사가 전남 화순으로 옮겨간 뒤부터 채용은 더 까다로워졌다. 스카우트 제안을 해도 오래가지 못했다.

출퇴근 거리가 멀다는 이유, 업의 결이 맞지 않는다는 이유, 전 직장 대비 보상 기대가 다르다는 이유 등등. 다 이해되는 말이었지만, 빈자리는 결국 남은 사람들이 채워야 했다.

그래서 나는 직원 교육에 대한 투자를 아끼지 않았다. '인재는 뽑는 게 아니라 육성해야 한다'고 믿었기 때문이다. 신입 교육은 늘 직접 했다. 제품의 뼈대와 원가 구조, 주간배송 동선, 고객 여정, 우리가 붙드는 철학까지. 하지만 교육에 공들인 것이 무색할 만큼, 몇 달을 못 채우고 떠나는 이들이 꾸준히 생겼다. 이런 일을 반복해서 겪으며 나는 한 가지를 깨달았다.

실력은 교육으로 향상될 수 있지만, 인성과 성격, 태도는 교육만으로 바꾸기 어렵다는 것이다.

그 이후 우리는 채용의 초점을 바꿨다. 스펙과 유창한 답변보다 인성, 태도, 열정을 먼저 본다. 실력은 입사한 뒤에 함께 키우면 된다. 다만 태도는 입사 전에 이미 습관으로 배어 있어야 한다.

그런데 그 태도를 어떻게 알아볼까? 우리는 한 가지 아이디어를 냈다. 바로 면접 시간을 아침 6시로 정한 것이다. 서류 합격 통보 뒤 면접 시간을 안내하면 반응이 갈린다.

"저녁 6시요?" 하고 되묻는 사람, 정중히 사정을 설명하는 사람, 담담히 "네, 그때 뵙겠습니다" 하고 답하는 사람 등 가지각색이다. 이 때문에 회사 평판이 삐걱거릴 때도 있었지만, 끝까지 고집했다.

아침 6시는 능력보다 약속과 준비, 즉 태도를 드러내는 리트머스 시험지였다. 광주에 있을 땐 서류 합격자의 7퍼센트, 화순으로 옮긴 뒤엔 3퍼센트만 면접장에 나타났다. 대신 그 시간에 온 사람의 절반 이상은 합격이었다. 몸이 먼저 결심을 증명했기 때문이다.

그 새벽 문턱을 넘어온 얼굴들 몇몇을 소개해보고자 한다.

첫 번째는 머리카락 한 올 흐트러지지 않은 쪽머리를 완벽히 올리고 온 여성 지원자였다.

"혼자선 만들기 어려운 매무새 같은데요?"

내가 묻자 그녀는 웃으며 답했다.

"새벽 3시에 출장 미용사를 불렀습니다."

머리가 흐트러질까 봐 날을 꼬박 세고 온 것이었다. 공군 출신답게 앉은 자세는 각이 섰고, 답하기 전 1초 숨을 고르는 습관이 있었다.

"꿈이 뭔가요?"

"농협중앙회장입니다."

회사에 뼈를 묻겠다는 지원자는 흔하다. 하지만 거의 지켜지지 않는다. 차라리 자기 꿈을 또렷하게 말하는 모습이 더 인상적이었다. 당연히 합격이었다. 입사 후에도 그녀의 성과는 남달랐다. 지금 그녀는 농협중앙회로 자리를 옮겨 여전히 승승장구 중이다.

두 번째는 양복 주머니에서 삶은 계란을 꺼낸 거구의 지원자였다. 면접 한 시간 전 도착해 조용히 기다리더니, 내 앞에 따뜻한 계란을 살포시 올려놓았다. 계란 회사 면접에 계란을 가져오는 일이 '센스 없음'으로 보일 수도 있다. 하지만 그의 말이 달랐다.

"대표님이 혹시 아침을 거르셨을까 봐요."

그런 배려가 몸에 밴 그를 당연히 합격시켰다.

우리는 채용할 때 '저 사람은 저래서 안 될 거야'가 아니라 '저 점 때문에 가능성이 있겠다'라는 관점으로 면접을 본다. 또한 화려한 언변보다 지원자의 습관을 본다. 발끝이 어느 방향을 향하는지, 차를 마신 뒤 컵을 어디에 두는지, 자리에서 일어날 때 의자를 제자리에 밀어넣는지 같은 것이다. 긴장 속에서도 배어 나오는 예의가 있다.

그리고 마지막에 늘 면접자에게 묻는다.

"오늘 합격을 결정하는 사람이 누굴까요?"

대부분 "대표님"이라고 답한다. 하지만 내 답은 한결같다.

"지원자 본인입니다."

서류 합격자 100명을 불러도 93명은 오지 않는다. 그 순간 이미 스스로 불합격을 결정한 거다. 면접실 문을 연 순간, 절반은 통과했다.

그다음 질문은 조금 더 직설적이다.

"당신이 면접관이라면 단 한 명을 어떤 기준으로 뽑겠습니까?"

성실, 열정, 태도 등 각자가 생각한 답을 말한다. 그러면 곧장

되묻는다.

"지금, 당신은 그 기준을 보여주고 있습니까?"

면접은 사실 어렵지 않다. 그 회사의 과거와 현재를 미리 공부하고, 그 회사에서 펼치고자 하는 자신의 미래를 설계해서 가면 된다. 그리고 자신이 설계한 미래를 그려낼 수 있다는 것을 태도로 증명하면 된다. 그렇게 하면 뽑지 않을 회사는 없다.

많은 이들이 시작할 때는 열정이 앞선다. 그래서 우리 회사는 입사 첫 주에 '미래의 나에게 쓰는 편지'를 작성하게 한다. 얼마나 열정적인지, 여기서 무엇을 이룰 것인지, 왜 이 회사여야 하는지를 적고, 마지막에 스스로 서명한다. 그 편지는 봉인돼 인사실 금고로 들어간다. 그리고 어느 날 퇴사를 말하러 오면, 그 편지를 조용히 건넨다.

"그날의 당신이 오늘의 당신에게 남긴 약속입니다. 읽고도 그만두고 싶으면, 그 선택도 존중하겠습니다."

우리는 무언가를 시작할 때 무엇이든 해낼 수 있다고 믿는다. 그러나 얼마 못 가 포기하는 일이 많다. 살면서 깨달은 중요한 교훈 중 하나는 성공은 끈기의 다른 이름이라는 것이다. 버텨야 견뎌내고, 견뎌내야 성공도 얻는다. 물론 모두에게 그걸 강요할 수는 없다.

떠날 자유도 존중한다. 중요한 건 나갈 때 품격이 있어야 한다는 것이다. 나는 들어올 때의 인상도 중요하지만, 나갈 때의 모습을 더 중하게 본다. 사람의 진짜 얼굴은 퇴사하는 날 드러난다. 품위 있게 떠나 멋진 뒷모습을 남기고 간 사람들은 정말 오래 기억된다.

짧았지만 더 멋지게 떠난 직원이 한 사람 있다. 군 복무 중 이라크 파병을 다녀온 전직 대위였다. 성실을 일상으로 만들던 청년이었다. 입사 3개월 되던 때 "서울에서 더 큰 무대를 경험하고 싶습니다"라고 퇴사 의사를 밝혔다. 나는 "후임 뽑고, 인수인계 끝내고 떠나세요"라고 했다.

후임자를 구하지 못하자 그는 약속한 날보다 한 달 더 남아 입·출고, 광고 투입, 입점 채널 커뮤니케이션, 엑셀 양식까지 매뉴얼로 정리했다. 본인이 한 일을 '누가 해도 돌아가게' 만들고 퇴사했다.

그는 목표도 명확했다. 그가 원한 회사는 새롭게 떠오르는 한 금융회사였다. 나는 면접관에게 보낼 추천서를 써서 내 사인과 연락처를 적고, 그가 얼마나 성실한지, 귀사에 얼마나 도움이 될지에 대한 내용을 써 봉인한 후 그에게 건넸다. 내사 면접을 많이 보기 때문에 추천서, 그것도 몇 개월 근무하지 않은 곳의 대표가 써준 추천서는 분명히 합격통지서와 같다고 생각했다. 며칠 뒤 메시지가 왔다.

"대표님, 최종 합격했습니다. 써주신 추천서는 면접관이 감동해서 사진만 찍어가고, 원본은 제가 평생 간직하라고 돌려주셨습니다."

그 추천서는 그 직원이 아름다운 퇴장을 했기 때문에 가능한 것이었다.

지금도 아침 5시 50분. 면접장 의자는 가지런하고, 누군가는 5시에 와 조용히 앉아 있다. 작은 노트에 우리 연혁과 최근 기사에서 밑줄 그은 문장을 옮겨 적으며, 해가 오르기 전에 마음부터 결정한 사람. 우리는 그런 사람을 기다린다.

INSIGHT

가치는 말로 설명되는 게 아니라, 습관으로 증명됩니다.

29

3시간 만에 스스로 접은 사업

사업이 본격적인 궤도에 오르자, 또 다른 생각이 고개를 들었다. '남는 계란을 조금 더 가치 있게 쓸 수는 없을까?' 그 질문은 욕심이라기보다 자연스러운 흐름에 가까웠다. 버려지거나 헐값에 흘러가는 계란을 보면 늘 마음이 걸렸다. 그때 떠오른 게 에그타르트였다. 포프리 계란을 아낌없이 넣고, 아침에 갓 구워내 출근길 손에 쥐여줄 수 있다면 이건 분명 성공하겠다는 생각이 들었다.

크림은 자신이 있었다. 하지만 문제는 반죽이었다. 도우, 그 얇고 바삭한 껍질 하나가 모든 인상을 좌우할 터였다. 책상 앞에서 고민만 하는 건 내 방식이 아니었다. 그래서 가방을 쌌다. 먼저 사람들이 '에그타르트의 성지'라 부르는 마카오로 향했다. 아침부터 밤까지 골목을 돌며 한 개, 또 한 개를 먹었다. 분명 훌륭했다. 기술도, 전통도 있었다. 하지만 묘하게 우리 브랜드의 결에는 완전히 맞지 않았다.

그래서 방향을 틀었다. 포르투갈. 리스본에서 포르투, 다시 남쪽의 작은 도시들까지 돌았다. 골목마다 버터 향이 달랐고, 페이스트리가 부서지는 소리도 제각각이었다. 이틀, 사흘, 2주 가까이 먹고 또 먹었다. 혀가 더는 판단을 못 할 만큼 감각이 무뎌졌을 즈음, 아쉬운 마음으로 한국행 비행기에 올랐다.

그렇게 모든 답을 찾지 못한 채 돌아왔는데, 어느 날 광주의 작은 가게에서 무심코 집어 든 에그타르트 한 입에 번개를 맞은 듯했다. '왜 이렇게 맛있지…?' 순간 머릿속이 정리됐다. 배고프면, 다 맛있다.

아주 단순하지만 어디서도 틀린 적 없는 진리였다. 그때 전남 함평의 해수찜 가게가 떠올랐다. 번호표도 없고, 동네 할머니들이 화투를 치며 공책에 순번을 적어주던 그 집. 그날도 대기자가 많아 두 시간은 기다려야 한다고 했다. 근처에서 요기라도 하려는데 옆에서 온 외지인이 물었다.

"근처 맛집 어디예요?"

할머니는 고개를 끄덕이며 툭 던졌다.

"배고프면 다 맛집이재."

웃고 넘길 말이었지만 그날은 다르게 들렸다. 맛의 비결은 레시피가 아니라 타이밍이라는 걸, 그 말이 정확히 짚고 있었기 때문이다.

그리고 그날 내가 먹었던 에그타르트가 놀라움을 주었던 진짜 이유도 거기에 있었다. 갓 구운 것, 눈앞에서 바로 나온 것이어서였다. 공복의 시간과 갓 구운 순간이 겹치면 맛은 이미 절반을 먹고 들어간다.

콘셉트는 그 자리에서 곧바로 정해졌다. '이동식 포프리 에그타르트.' 윙바디 차량을 구입해 오븐과 커피 머신을 실었다. 차량 문이 열리면 누구나 바로 보이게 현수막을 달았다.

'갓 구운 포프리 에그타르트'

디데이는 새벽이었다. 아직 도시가 완전히 깨기 전, 광주 동구 농협 앞에 차를 세우고 오븐을 예열했다. 반죽을 성형하고, 커스터드를 채우고, 천천히 굽기 시작했다. 오븐에서 김이 모락모락 올라오고 커피 샷이 떨어지는 소리가 새벽 공기를 가를 즈음, 농협 과장님이 출근길에 멈춰 섰다.

"세트 하나요."

5,000원. 첫 매출이었다. 그 지폐는 지금도 봉투에 넣어 보관

하고 있다. 첫 고객의 얼굴과 함께.

그 뒤로 사람들이 하나둘 모였다.

"하나 더요."

"두 개 포장해주세요."

"사무실에 가져갈게요."

갓 구운 에그타르트 향이 공기를 타고 퍼졌고, 줄이 늘어서기 시작했다. 온몸으로 '이건 된다'는 감각이 느껴졌다. 그런데 바로 그때, 맞은편에서 김밥 보온통을 머리에 이고 천천히 걸어오는 연로한 할머니 한 분이 보였다.

그 할머니는 농협 직원들의 아침을 오랫동안 책임져 오셨을 것이다. 하지만 오늘은 이미 많은 농협 직원들이 우리 에그타르트를 손에 들고 있었다. 할머니는 잠시 자리를 폈다가 팔리지 않은 김밥을 다시 머리에 이고 조용히 발걸음을 옮기셨다. 그 뒷모습이 가슴을 '쿵' 하고 내려앉게 만들었다.

'우리가 지금, 누군가의 아침을 밀어내고 있구나.'

해가 조금 더 올라왔을 때 직원을 불렀다.

"오늘로 접자."

직원은 믿기지 않는다는 표정으로 되물었다.

"대표님, 이렇게 잘되는데요?"

나는 방금 본 장면을 말해주었다.

"아침의 한 입은 그분들에겐 생계야. 누군가의 삶을 밀어내면서까지는 하지 말자."

그렇게 포프리 에그타르트는 시작한 지 정확히 3시간 만에 스스로 문을 닫았다. 이상하게도 마음은 맑았다. '팔 수 있음'보다 '멈출 줄 아는 것'이 훨씬 어려운 결정이라는 걸 그날 다시 배웠다.

차고로 돌아오는 길, 첫 손님에게 받은 5,000원을 손에 쥐었다. 그 지폐는 돈이 아니라 우리가 넘지 않기로 한 선이었다.

다음 날 아침, 함평 할머니의 말이 다시 떠올랐다.

"배고프면 다 맛집이재."

사람은 배가 고프다. 그래서 아침을 산다. 그 아침이 누군가의 생계를 밀어내는 선택이라면 우리는 팔지 않기로 했다. 그 선을 지키는 것이 포프리의 기준이었다.

INSIGHT

잘되는 일을 시작하는 능력보다 잘되는 일을 멈출 수 있는 용기가 브랜드의 깊이를 만듭니다.
돈이 되는 선택보다 사람을 지키는 선택이 결국 더 오래 남습니다.

30

요람에서 무덤까지 책임지는 회사를 꿈꾸다

누가 왜 사업을 하느냐고 물으면 나는 망설이지 않고 이렇게 답한다.

"주기 위해서요."

짧은 말이지만, 그 안에는 스물여섯 해의 시간이 고스란히 담겨 있다. 그동안 정말 많은 얼굴이 우리 회사 곁을 스쳐갔다. 하지만 또렷이 기억에 남는 얼굴은 열 해, 스무 해를 함께 버틴 사람들이다. 회사에서 만나 결혼하고, 그들의 아이가 어느새 수능을 치르고 다시 인사를 오기도 한다.

창업한 게 엊그제 같은데, 우리의 달력은 몇 번이나 계절을 갈아입었다. 그 시간을 한 문장으로 요약하면 이렇다.

'사업으로 얻은 숨을 다시 사람에게 돌려주고 싶었다.'

그래서 오래전부터 마음속에 그려둔 나의 마지막 설계도는 '사내연금'이다. 퇴직 후에는 본인에게 생의 마지막 날까지 100퍼센트를 지급하고, 그분이 먼저 세상을 떠나면 남은 배우자에게 50퍼센트를 평생 지급하는 구조.

늘 마음속으로 다짐했다. '회사와 함께 산 세월이, 노후까지 이어지게 하자.' 입사가 요람이라면, 가능하다면 무덤까지 품고 싶었다. 가장이 떠난 뒤 가장 먼저 흔들리는 건 늘 남은 사람이란 걸 알았기 때문이다. 그래서 배우자까지 챙기는 구조를 처음부터 설계에 넣었다.

문제는 의지가 아니라 수학이었다. 연금은 감동으로 유지되지 않는다. 매년 순이익 20퍼센트가 나와야 이 연금을 지속할 수 있다는 계산이 나왔다. 그 방정식을 몸으로 검증하겠다고 나는 정말 많은 실험을 했다. 치킨집, 유기농 김밥집, 칼국수집, 덮밥집, 콩나물국밥집, 돈가스 뷔페, 계란 김밥집, 퓨전 한정식집, 커피숍까지 다양한 시도들을 계속해보았다.

이렇게 적어 놓고 보니 나도 피식 웃음이 나온다. '그 돈을 그냥 나눠줬다면 어땠을까' 하는 후회가 스치지 않았다고 하면 거짓말이다. 하지만 냉정히 말하면 그 실패들은 모두 학습자본이 되었다. 메뉴 엔지니어링, 원가와 회전율, 객단가와 체류시간, 변동비와 고정비의 줄다리기까지 나는 이 모든 걸 현장에서 직접 배웠다. 지금 포프리의 뼈대와 근육은 이 사업들의 실패 위에 서 있다. 프랜차이즈 구조도 오래 들여다봤다.

내가 접은 가게들은 '장사가 안 돼서' 그만둔 게 아니었다. 경기가 어떻든 순이익 20퍼센트를 유지할 수 없다는 결론이 나왔기 때문에 접었을 뿐이다. 순이익 20퍼센트라는 기준을 넘지 못하면 직원연금이라는 꿈의 기초가 무너진다.

이런 사업들을 거치며 자연스럽게 이 질문과 마주했다.

'창업은 거의 모든 걸 걸고 뛰어드는 일인데, 왜 이렇게 많은 매장이 무너질까?'

시간을 들여 사례를 분석해보니 의외로 답은 단순했다. 성공한 매장만 보고 창업하기 때문이었다. 성공한 매장만 보면 '이 정도 맛과 서비스면 내가 더 잘하겠다' 하는 착각에 빠지기 쉽다. 하지만 사업은 종합예술이고, 사장은 오케스트라의 지휘자다. 한 악기가 완벽해도 다른 파트가 어긋나면 음악은 무너진다. 재고와 동선, 회전과 인력, 시재와 클레임, 상권과 날씨까지 모든 악기를 동시에 조율할 줄 알아야 곡이 산다.

나는 그 사실을 직접 적은 장부와 현장을 뛰어다닌 두 발로 배웠다.

그간 시도했던 몇 가지 사업들을 소개해보겠다.

2002년, 처음 손댄 사업은 치킨집이다. 치킨집은 경쟁이 치열했기에 차별점을 고민했다. 당시 치킨은 대부분 비닐봉지에 포장되어 슬리퍼 신고 배달되는 음식이었다. 아무리 봐도 좋아 보이지 않았다.

그래서 담양에서 대나무 피크닉 바구니를 사가지고 와 단정한 복장으로 바구니에서 치킨을 꺼내 드렸다. 같은 음식이라도 어디에 담느냐에 따라 전혀 다르게 느껴진다. 사실 음식은 입으로만 먹는 게 아니라 눈으로도 먹기 때문이다.

반응은 좋았다. 하지만 매출은 우리가 원하는 수준까지 오르지 않았다. 그래서 치킨집을 활용한 다음 아이디어를 꺼냈다.

광주에서 대기줄이 길기로 유명한 피자집 '그랑비아또' 대표님께 연락을 드렸다.

"왜 배달은 안 하세요?"

여력도, 시스템도 없다는 답이 돌아왔다. 예상대로였다.

"그럼 전단지를 제가 만들고, 배달까지 책임질 테니 매출의 10퍼센트만 주세요"라고 제안했다.

이런 제안을 한 까닭은 어차피 치킨을 배달하기 위해서 오토바이도 샀는데 배달이 많지 않아서였다. 그렇게 새로운 모델이 시작됐다. 훗날 배달 플랫폼의 성공을 보며 혼자 웃었다.

'아, 원조는 나였네.'

커피 매장 이야기도 빼놓을 수 없다. 커피 사업을 시작하기 전, 나는 가장 먼저 바리스타 학원에 등록했다. 이론보다 손이 먼저 움직여야 한다고 믿었기 때문이다. 커피는 책으로 배우는 게 아니라, 손끝과 코끝으로 배워야 하는 일이었다.

그때가 2007년쯤이었는데, 당시만 해도 대부분의 카페는 오전 10시쯤 문을 열었다. 늘 이상했다. 사람이 커피를 가장 많이 찾는 시간은 분명 아침인데, 왜 정작 그 시간에는 문을 열지 않고 있을까. 그래서 매장을 고를 때부터 기준이 분명했다.

정류장 앞, 출근길 동선 한가운데. 우리는 고작 10평짜리 작은 매장을 얻었다. 그리고 환기팬의 방향을 일부러 정류장 쪽으로 뺐다. 커피 향이 바람을 타고 버스를 기다리는 사람들 코끝을 스치게 하고 싶었다. 사람은 시각보다 먼저 후각이 반응한다는 걸 알고 있었기 때문이다.

오픈 시간은 오전 6시. 아직 해도 뜨지 않은 시간이었다.

첫날 문을 열며, 나는 괜히 가슴이 두근거렸다. '과연 올까?'

우리는 등교 시간에 아이를 내려주는 부모들, 첫차를 기다리는 직장인들, 밤샘 근무를 마치고 돌아가는 사람들에게 시음용 커피를 작은 종이컵에 담아 조용히 건넸다.

"한번 드셔보세요."

며칠 지나지 않아 변화가 나타났다. 아침 시간대에 줄이 생기기 시작했다. 모닝 커피 수요가 붙은 것이다. 하지만 매장이 작다고 해서 대충 운영하지 않았다. 오히려 더 집요해졌다. 직원은 전원 전문 바리스타를 채용했다. 모두 자격증을 가진 정직원이었다.

나는 커피를 '감각'이 아니라 공정으로 다뤘다. 우유 양은 라떼 200ml, 마키아토 180ml, 카푸치노 160ml, 시럽 1펌프는 정확히 7cc, 더블샷은 33cc, 컵 무게, 홀더 무게까지 포함해 라떼 완성 기준은 280g(오차범위 ±10g)이였고, 이 범위를 벗어나면 폐기했다.

직원들은 처음엔 이해하지 못했다.

"대표님, 이 정도면 되지 않나요?"

하지만 나는 고집했다. 아무리 숙련된 바리스타라도 손의 감각만으로는 항상성을 유지할 수 없다. 그래서 계량이 예술을 지켜준다고 믿었다. 탬핑 압력, 추출 시간, 스팀 원두 배합 비율까지 모두 수치로 묶었다. 그렇게 하자 신기한 일이 벌어졌다. 어느 날 누가 내리든, 어제 느꼈던 그 맛을 오늘도 그대로 느낄 수 있었다.

그다음은 온도였다. 아메리카노는 대부분 90도 전후로 맞춰져 있었다. 그러다 보니 손님들이 자주 "얼음 좀 주세요"라고 청했다. '왜 이렇게 뜨거워야 할까?' 고민해봤지만 답은 없었다. 아마 차tea의 온도를 그대로 가져온 관성이었을 것이다. 우리는 실험을 시작했다. 크레마 잔존 시간, 향의 지속성, 첫 모금의 인상 등을 확인했다. 그 결과 90도보다 80도, 80도보다 70도에서 향이 더 오래 남았다. 그날 이후 포프리 커피는 70도로 내렸다.

첫 손님이 한 모금 마시더니 말했다.

"흠… 끝내주네."

우리가 만들고 싶은 커피는 처음이 좋은 커피가 아니라, 마지막까지 같은 커피였다.

물론 맛만으로는 부족했다. 금요일과 토요일 오후엔 라이브로 첼로를 연주하고, 카드 10장 중 특정 숫자를 뽑으면 무료 커피를 주는 작은 놀이도 만들었다. 할인 10퍼센트와 매출 효과는 비슷했지만, 사람들은 놀이에 더 오래 머물렀다.

석 달 만에 매장 밖까지 줄이 늘어섰다. 하지만 전문 바리스타 6명에 월매출 2,800만 원. 현실의 벽은 높았다. 그래서 결단을 내렸다. 10평짜리 매장을 보증금 포함 1억 5,000만 원에 넘겼다.

그 배움은 끝나지 않았다. 이후 커피를 메인으로 삼지 않는 사업에서도 서브 제품에까지 진심을 담았다.

다시 커피 사업을 시작했을 때 우리는 비숙련자도 일정한 맛을 내도록 스위스제 자동 탬핑머신을 들였고, 3,000원짜리 아메리카노에도 스페셜티 원두를 사용했다. 라떼에는 유기농 우유만 썼다. 하지만 품질이 전부가 아니었다. 그건 기본이었다.

어느 날, 종로 매장에서 한 장면이 내 마음을 붙잡았다. 겨울이었다. 공사장에서 일하는 듯한 손님이 조용히 아메리카노 한 잔을 주문했다. 손등은 터져 있었고, 몸에서는 찬 기운이 묻어났다.

직원은 커피를 내려 픽업대에 툭 올려놓고 다음 주문으로 넘어갔다. 손님은 말없이 잔을 들고 매장을 나섰다. 그 뒷모습이 계속 마음에 걸렸다. 마감 후 직원들을 불러 컵 하나를 들고 말했다.

"이 커피 한 잔, 얼마죠?"

"3,000원입니다."

나는 다시 물었다.

"여러분들 시급은요?"

"9,000원이요."

직원들에게 컵을 들어 보이며 다시 말했다.

"이 커피 한 잔은 누군가의 20분입니다. 우리는 커피를 파는 게 아닙니다. 사람의 시간을 다루는 일을 하고 있어요. 그러니까 앞으로 두 손으로 건네고, 눈을 보고, '따뜻하게 준비했습니다'

라고 말해주세요."

그날 이후 매장은 조금 느려졌지만 확실히 달라졌다.

우리는 매년 '나만의 친절 스토리 대회'를 열어 차별화된 본인만의 서비스 경험을 쌓도록 했다. 겹치면 실격, 1등 상금 100만 원. 어떤 직원은 화장실을 물으면 휴지를 손에 쥐고 동행하여 화장지를 건넨 경우도 있었다. 마감 직후 주문에 자기가 먹으려고 사두었던 제품을 들고 버스를 타고 고객 집까지 간 직원도 있었다.

그렇게 우리의 두 번째 커피 사업은 이상적인 모습에 가까워졌다. 하지만 끝내 순이익 20퍼센트의 벽을 넘지 못했다. 그래서 이 사업도 거기서 멈췄다.

내 머릿속은 여전히 연금 설계로 가득하다. 경기가 좋을 때도, 나쁠 때도 흔들리지 않고 순이익 20퍼센트를 꾸준히 낼 수 있는 구조, 그 하나의 방정식을 아직도 찾고 있다.

그 생각을 하도 오래 붙들고 있어서인지 언젠가는 누군가 "한우를 길러봐라"라고 말하는 꿈까지 꾸었다. 그래, 어쩌면 언젠가는 정말 한우 사육도 시험해볼지 모른다. 나에게 모든 실험은 결국 사람에게 닿는 길이기 때문이다.

나는 사업의 목적을 '축적'이 아니라 '분배'라고 믿는다. 소비자에게는 안심할 수 있는 품질로, 직원들에게는 품격 있는 노후로 돌아가는 분배. 오늘을 다해 일한 사람이 내일을 걱정하지 않아도 되는 구조. 직원은 오늘을 책임지고, 회사는 내일을 준비하는 관계.

이상만 가득한 이야기처럼 들릴지도 모른다. 하지만 꿈이기에 더 가치가 있다. 그리고 그 꿈은, 언젠가 반드시 시스템이 되어야 한다고 믿는다. 그날이 올 때까지 나는 멈추지 않고 실험할 것이다. 사람을 중심에 둔 구조를 끝까지 증명해 보이기 위해서 말이다.

INSIGHT

우리가 파는 한 잔, 한 알에는 누군가의 시간을 바꾼
노동의 값이 담겨 있습니다.
그래서 내가 파는 제품과 서비스는 언제나 그 노동만큼 고결해야 합니다.

31

불가능을 등불 삼아

포프리 사무실 한쪽 벽에는 네 개의 문장이 액자에 담겨 걸려 있다. 매일 출근하면 가장 먼저 눈이 가는 자리에 말이다.

첫째, 차별화를 생각하라.

둘째, 즉시 하라.

셋째, 사소한 것을 소중히 하라.

넷째, 우리는 갈 수 없지만, 가야만 한다.

이 문장들은 멋을 내기 위해 걸어둔 표어가 아니다. 나를 수

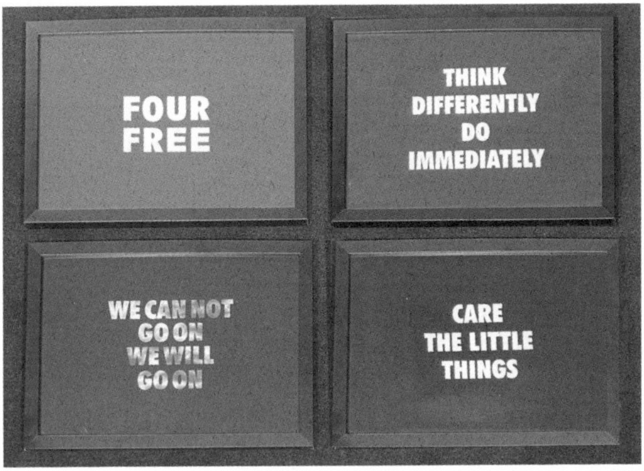

없이 다시 일으켜 세운 생활 지침에 가깝다.

시장은 늘 새것으로 넘쳐난다. 조금만 고개를 돌리면, 더 빠르고 더 화려한 아이디어가 쏟아진다. 하지만 이상하게도 실제 현장에서 힘을 발휘하는 건 '완전히 새로운 것'이 아니라 다시 보게 만든 낡은 것인 경우가 많다.

차별화란 무에서 유를 만드는 일이 아니었다. 이미 모두가 지나치던 일상에 한 번 더 머무는 시선을 얹는 일이었다. 그래서 나는 관찰을 멈추지 않는다. 아침에 양치질을 하다가도, 화장실에서 변기 물을 내리다가도 '왜 꼭 이래야 하지?'라는 질문을 떠올린다.

예를 들면 이런 생각들이다.

변기 세정제가 녹아든 파란 물이 소변과 만나면 색이 달라지게 할 수는 없을까? 리트머스 시험지처럼 색 변화로 건강 신호를 알려준다면 사람들은 매일 아침 집에서 몸 상태를 점검할 수 있지 않을까?

종이컵 가장자리에 닿은 침이 블루투스로 신호를 보내 앱과 연결된다면 어떨까? 간단한 체내 지표를 알려주는 컵이 있다면 병원 갈 일을 줄여줄 수 있지 않을까? 생리혈의 성분을 분석해 이상 신호를 조기에 알려주는 위생패드는 어떨까?

이 모든 생각의 공통점은 하나다. 일상의 리듬을 깨지 않는다는 것, 즉 사람들이 이미 하고 있는 행동 위에 아주 얇은 변화만 얹는 것이다. 아침에 눈을 뜨고, 기지개를 켜고, 물을 마시는 그 흐름 위에 조금 더 나은 선택지를 얹을 때 비로소 차별화는 거창한 혁신이 아니라 생활의 업그레이드가 된다.

가끔 나는 스스로를 공상과학자에 가까운 사람이라고 느낀다. 이런 생각들이 머릿속을 가득 채우면 이상하게 기분이 좋아진다. 하지만 아이디어는 생각만 해서는 아무 힘이 없다. 종이에만 머무는 생각은 바람 없는 날의 연처럼, 하늘을 한 번도 알지 못한다.

그래서 두 번째 문장이 필요했다. '즉시 하라.'

오래전 들은 농담 하나를 소개해보겠다.

한 사람이 매일 기도했다.

"하느님, 복권에 당첨되게 해주세요."

어느 날은 울먹이며 항의까지 했다.

"이렇게 빌었는데 왜 한 번도 안 되나요?"

그때 하늘에서 답이 내려왔다.

"그래도… 복권은 사야지."

아무리 좋은 아이디어라고 해도 실행하지 않으면 아무것도 일어나지 않는다. 실행 후 수많은 실패를 했지만 그래도 빠른 속도는 행운을 만날 확률을 높여줬다.

사람들은 말한다. "운이 좋았네요." 여기에는 시도 횟수가 많았다는 사실이 숨어 있다.

세 번째 문장은 내 업의 예절과 맞닿아 있다. '사소한 것을 소중히 하라.'

『깨진 유리창의 법칙』을 처음 읽었을 때 나는 책을 덮지 못했다. 유리창 하나가 깨진 채 방치되면 건물 전체가 빠르게 망가진다는 내용의 이야기였다.

생각해보니 정말 그랬다. 사람들은 식당 화장실이 더러우면 음식의 위생까지 의심한다. 나는 이 논리를 회사 곳곳에 옮겨 심었다. 그래서 포프리의 화장실은 늘 청결하고 작은 어항과 꽃들도 놓여 있다. 식품회사이기에 사내 금연에 대해서는 타협하지 않았다. 한때는 흡연이 적발되면 해고까지 했다. '우리는 고객의 식탁을 만드는 손이다. 그 손은 향기로워야 한다'라는 신념 때문이었다.

어느 날, 작은 실험을 했다. 자주 가던 카페 화장실 상태가 좋지 않았다. 나는 문을 잠그고 손이 닿는 곳부터 청소를 했다. 한 시간 뒤 다시 가보니 여전히 깨끗이 유지되어 있었다.

회사에서 청소 놀이를 한 적도 있다. 목요일 오전, 보물찾기 미션을 열었다. 보물은 75인치 TV와 각종 선물들이었다. 물티슈를 한 봉씩 주고, '평소엔 잘 청소하지 않는 곳에 보물들을 숨겨 놓았다'라는 힌트도 주었다. 눈에 띄지 않는 곳의 먼지를 보여주고 싶어서 기획한 놀이였다. 사람들은 웃으며 구석구석을 닦았다.

이런 사소함이 만든 집단의 품격은 그렇게 조금씩 올라갔다.

마지막 문장은 '우리는 갈 수 없지만, 가야만 한다'이다.

처음 들으면 모순처럼 보인다. 하지만 내겐 분명한 기준이다. 쉬운 목표만 좇으면 회사는 둔해진다. 불가능해 보이는 목표를 하나 걸어두면 하루의 태도가 달라진다. 속도는 느릴 수 있다. 하지만 방향은 흔들리지 않는다. 그 별에 닿지 못할 수도 있다. 그래도 길은 잃지 않는다.

그래서 나는 '왜 안 되지?'에 오래 머물지 않는다. 대신 이렇게 묻는다.

"된다면, 어떤 길이 있을까?"

된다고 생각해도 될까 말까 하는 세상인데 아예 안 된다고 생각하면 아무것도 되지 않는다.

INSIGHT

첫째, 차별화를 생각하라.
둘째, 즉시 하라.
셋째, 사소한 것을 소중히 하라.
넷째, 우리는 갈 수 없지만, 가야만 한다.

32

숫자의 힘과 온라인 요리대회

포프리의 홈페이지 주소는 www.fourfree.com이고, 대표번호는 1588-0029다. 우리의 대표번호는 엄청난 힘을 지녔다. 숫자 몇 개가 무슨 힘이 있겠느냐고 묻는 사람이 있겠지만, 2004년의 한국에서 1588은 일종의 마법 주문이었다.

그 시절, 1588 번호는 대기업만이 쓸 수 있는 왕관 같은 존재였다. 지금처럼 1577, 1666, 1855 같은 번호가 흔하지도 않았다. 당시 사람들 머릿속엔 아주 단순한 공식이 있었다.

'1588 = 믿을 만한 회사'

회사를 다시 시작하며 내가 원했던 건 근사한 사무실도, 번쩍이는 간판도 아니었다. 단 하나, 신뢰를 주는 첫인상이었다.

그래서 마음먹었다. 포프리를 찾을 땐, 사람들이 1588을 누르게 만들자. 문제는 조건이었다. 1588 번호는 최소 30회선 이상 신청해야 했고, 1588 뒷번호가 0000부터 9999까지 단 1만 개만 허용된 영역이었다. 게다가 이미 대부분은 대기업들이 선점한 상태였다. 그래도 포기할 수는 없었다. 늘 정보를 모았고, 기회가 오기만을 기다렸다.

그러던 어느 날, 1588-0029가 며칠 뒤 공석으로 나온다는 소식을 들었다. 귀를 의심했지만. 그 순간부터 머릿속엔 오직 하나의 생각뿐이었다. '무조건 잡는다.'

디데이 전날, 나는 KT 본사 앞에 차를 세우고, 차 안에서 잠을 잤다. 계획은 단순했다. 업무 개시와 동시에 1번으로 접수한다. 문이 열리자마자 접수대 앞에 섰다. 숨을 고르고 말했다.

"1588-0029 신청해주세요."

도장이 찍히는 소리가 그날따라 유난히 크게 들렸다. 지금도 1588-0028은 농협몰 고객센터, 1588-0030은 IBK투자증권이다. 그 사이에 포프리가 있다는 사실만으로도 가슴이 뛰었다.

현장에서는 바로 반응이 왔다. 영업 코디들이 웃으며 말했다.

"대표님, 고객들이요. '1588이면 대기업인 줄 알았어요' 이래요."

그때 숫자만으로도 신뢰의 문을 열 수 있다는 것을 확인했다.

1588 번호를 얻고 나니 영업사원들은 한 목소리로 말했다.

"이젠 홈페이지가 필요합니다."

나는 고개를 끄덕이면서도 망설였다. 기업 사이트는 누구나 한 번은 들어온다. 문제는 두 번째 방문이었다. 잘 만든 소개 페이지만으로는 방문을 '한 번'에서 '습관'으로 바꾸기 어렵다. 삼성, 현대 홈페이지도 한 번쯤은 들어간다. 문제는 다시 들어오게 만드는 이유가 있는가이다. '무엇이 사람을 재방문하게 만들까?'

우리가 찾은 해답은 사람들이 진짜로 찾는 것을 주는 것이었다. 우리는 고객을 다시 살펴보았다. 포프리의 핵심 고객은 주부였다. 주부가 매일 붙잡고 있는 고민은 '오늘 뭐 해 먹지?'였다. 그래서 결론에 이르렀다.

포털 사이트의 유명 요리 블로거들을 섭외하기로 했다. 당시 가장 영향력 있던 요리 블로거는 베비로즈 현진희 씨였다. 나는 메일을 썼다. "포프리가 레시피 스폰서를 하고 싶습니다." 처음엔 답이 없었다. 다시 보냈다. 그리고 기적처럼 회신이 왔다.

커피 한 잔을 사이에 두고 우리는 오래 이야기를 나눴다. 당시 그녀의 영향력은 거대했다. 하루 방문자 20만 명, 구독자 20만 명. 이미 식품 대기업의 지원도 받고 있었다. 그래도 포기하지 않고 말했다.

"우리는 제품을 팔려는 게 아니라, 베비로즈 님의 레시피를 통해 주부들 삶의 질이 더 나아지길 바랄 뿐입니다."

포프리 홈페이지에 '베비로즈관'을 열어 고객들에게 레시피를 제공하고 싶다고 설득했다. 결국 승낙을 받아냈다.

블로거 중 가장 영향력 있는 분과 계약을 하자 다른 블로거들과의 연결은 놀라울 만큼 쉬워졌다. 여러 요리 블로거들이 하나둘 합류했다. 그분들의 도움으로 1만 개가 넘는 레시피가 쌓였을 때, 우리는 다음 단계를 만들었다.

바로 '냉장고 기능'이었다. 발상은 단순했다. '오늘 뭐 먹지?'를 묻지 말고, '우리 냉장고에 뭐 있지?'를 묻게 하자.

생선 → 고등어를 누르면 고등어로 만들 수 있는 모든 요리가 펼쳐졌다. 집에 애호박과 달걀이 있다면 두 가지만 클릭해도 오늘의 반찬, 국, 전이 한번에 제시됐다. 냉장고 기능이 업그레이드되자 홈페이지 방문자가 눈에 띄게 늘어났다. 요리 콘텐츠로 방문객이 하루 수만 명씩 늘어난 후, 우리는 온라인 요리대회를 구상했다.

온라인으로 매월 레시피를 출품 받아 1등부터 15등까지 상품을 주고, 1등부터 3등에게는 연말 결선 티켓을 제공했다.

'폭발'이라는 말이 딱 맞았다. 주방에서 찍은 사진과 각 가정만의 레시피들이 우수수 쏟아져 들어왔다.

저작권 사용 동의를 받은 우리는 그 레시피들을 매달 정리해 홈페이지에 차곡차곡 쌓아갔다. 이 대회는 3년간 이어졌다. 마지막 해에는 대상 상품을 과감하게 걸었다. 프랑스 2인 왕복 항공권, 상금 1,000만 원, 미슐랭 3스타 레스토랑 2인 저녁식사권.

대회를 준비하며 나는 세계의 요리 경연 대회들을 찾아봤다. 보퀴즈 도르Bocuse d'Or. 프랑스 리옹에서 열리는 셰프 개인전의 정점인 이 대회의 상금은 약 2만 유로였다. 지금은 더 큰 상금을 내건 대회도 있지만 당시에는 이 대회가 주는 영감이 컸다. 그때 마음속에 또 하나의 꿈이 생겼다.

'포프리가 세계 최대의 온라인 요리 대회를 만들자.'

한 해 동안 월별 우승자들이 온라인으로 겨루고, 연말에는 오프라인 결선. 언어와 나라를 넘어 '집밥의 세계대회'를 만들자.

이 꿈은 지금도 언젠가 반드시 도전할 꿈으로 남아 있다. 레시피라는 공용어로 세계를 묶어보고 싶다.

INSIGHT

고객을 위해 멈추지 않고 고민하는 것,
그 자체가 결국 가장 강력한 경쟁력이 됩니다.

33

사람들이 즐거워하는 일을 만드는 회사

홈페이지 방문자는 눈에 띄게 늘어났다 그래프는 위로 치솟았고, 숫자는 분명 성공을 말하고 있었다. 그런데 이상하게도 마음 한편이 편치 않았다. '이게 오래 갈까?' 레시피 덕분에 사람들이 들어오긴 했지만, 레시피 하나만으로는 다시 돌아오게 만들기 어렵다는 걸 이미 여러 번의 사업에서 배워왔다.

밥상만으로는 부족했다. 플랫폼은 먹는 곳이 아니라, 머무는 곳이어야 했다. 정보뿐 아니라 놀이가 필요했다. 그래서 우리는 판을 넓히기로 했다.

첫 번째 판, 말풍선 대회

첫 실험은 만화였다. 윤태호 작가가 매달 두 컷짜리 상황 그림을 보내왔다. 『미생』을 그린 작가의 그림은 설명이 필요 없었다. 우리는 말풍선을 비워둔 채 홈페이지에 올렸다. 규칙은 단순했다.

"대사를 채워주세요."

결과는 상상을 훌쩍 넘었다. 같은 그림에 누군가는 웃긴 대사를, 누군가는 뼈 있는 말을, 누군가는 위로를 담았다. 한 장면이 수십 개의 이야기로 피어났다. 사람들은 정답을 맞히려 하지 않았고, 자기 이야기를 얹기 시작했다.

두 번째 판, 오지의 식탁

다음 판은 식탁이었다. 아주 먼 곳의 식탁. 여행을 좋아하는 직원에게 카메라 하나를 쥐여주고 오지 마을로 보냈다. 가나 아크라 시장에서 김이 오르는 와치에, 해 질 녘 마당에서 손으로 빚은 푸푸와 땅콩 스튜, 해안가에서 발효 옥수수 반죽을 잎에 싸 쪄낸 켕케이.

사진 속 그릇은 투박했고, 식탁은 삐뚤었지만 불 위에 얹어진 손은 이상하게 따뜻했다. 연기가 화면 밖으로 피어오르는 듯했고, 아이들의 웃음소리가 접시 가장자리에 걸려 있었다.

"우리에게 그들의 식탁이 낯설듯, 우리의 상추쌈도 누군가에겐 낯설겠지."

이 연재에 대한 반응은 폭발적이었다. 사람들은 오래 머물렀고, 천천히 읽었고, 다음 편을 기다렸다.

세 번째 판, 주제 사진 콘테스트

이제 사람들을 무대 위로 올렸다. 매달 하나의 주제를 던졌다.

'오늘의 도시락', '우리 집 냉장고의 가장 오래된 것', '비 오는 날의 반찬' 등.

각각의 주제에 대한 사진과 짧은 글이 쏟아졌다. 서툰 김밥, 야무진 반찬통, 투덜거림이 섞인 밥상까지.

사람들은 서로를 평가하기보다 공감했고, 웃었고, 응원했다. 플랫폼은 점점 전시장이 아니라 광장이 되어갔다.

네 번째 판, 게임

마지막 판은 게임이었다. 게임은 홈페이지에 사람을 가장 많이, 그리고 오래 붙들어두었다. 우리가 정기배송하는 제품으로 게임을 만들었다.

계란을 멀리 던져 껍질이 깨지지 않게 받아내는 게임, 풍선에 매달린 돼지를 떨어뜨리지 않게 화살을 던지는 게임.

밤 12시가 넘어도 불이 꺼지지 않았다. 랭킹 1등을 찍겠다고 새벽 3시에 환호성이 터졌다. 그런데 어느 날, 게시판에 글 하나가 올라왔다.

"제 아내가 요즘 밤마다 포프리 게임만 합니다. 랭킹 1등 찍겠다고 새벽 3시에 소리를 질러요. 저는 놀라서 깨고요. 제발… 선물 좀 주시든가, 게임을 줄이시든가…."

웃기기도 했지만, 읽고 나니 마음이 무거워졌다. 멈추는 용기가 필요했고, 회의가 길어졌다. 마침내 질문 하나가 테이블 위에 남았다.

'우리의 홈페이지에 유인하기 위한 욕심이 누군가의 잠을 빼앗아도 되는가?'

재미는 좋지만 브랜드의 재미가 사람의 생활 리듬을 무너뜨리면 그건 우리가 가야 할 방향이 아니었다. 결국 게임을 폐지했다.

훗날 〈애니팡〉이 대성공하는 걸 보며 잠시 흔들리기도 했다.

하지만 그때도 생각은 같았다.

'우리가 지켜야만 하는 선이 있다.'

옳은 일이라고 판단되면 멈출 줄 아는 용기. 당장은 손해처럼 보일지라도, 그 선택이 결국 우리를 더 오래 남게 해줄 것이라 믿었기 때문이다.

INSIGHT

건강한 즐거움은 브랜드가 줄 수 있는 가장 높은 가치입니다.

34

내가 그의 이름을 불러 주기 전에는

사업을 착실하게 이어가면서, 나는 더 많이 벌고 싶어졌다. 내 욕심을 채우기 위해서가 아니었다. 우리 직원들에게 더 많이 나눠주고 싶었기 때문이다. 더 좋은 것을 보여주고 싶었고, 더 좋은 생각을 알려주고 싶었고, 더 좋은 먹거리를 전해주고 싶었다.

그런 생각을 이어가던 어느 날, 케이블TV 채널을 돌리다 우연히 김창옥 강사의 강연을 보게 되었다. 나도 모르게 리모컨을 내려놓고 화면 앞에 앉았다. 한 번, 두 번, 열 번. 같은 강연을 계속해서 돌려봤다. 말의 온도, 표정에 담긴 무게, 말 사이의 침묵에 스며 있는 배려. 그 강연을 듣는 동안 내 마음속에 오래 엉겨 있던 돌덩이 같은 것들이 조금씩 녹아내리는 게 느껴졌다.

그때 생각했다. '이 감정을 나만 느끼게 둘 수는 없다, 직원들과 함께 나누고 싶다.' 그래서 2007년 연말, 사업전진대회 장소를 부산 파라다이스 호텔로 정하고 김창옥 강사에게 정식으로 강연을 요청했다.

강연 전날 저녁, 우리는 처음으로 마주 앉았다. 그리고 그에게 뜬금없는 제안을 했다.

"사우나 같이 가실래요?"

지금 생각해보면 김창옥 강사 입장에서는 꽤 당황스러웠을지도 모르겠다. 하지만 내가 그랬던 이유는 분명했다. 사업 초창기, 직원들과 온천 여행을 하며 깨달은 게 있었기 때문이다. 따뜻한 물에 함께 몸을 담그면 사람 사이의 불필요한 경계가 빠르게 녹아내린다는 걸 이미 경험으로 알고 있었다.

우리는 사우나에서 서로의 삶에 대해 조금씩 이야기했고, 그 후 저녁을 함께 먹었다. 그 자리에서 나는 조심스럽게 물었다.

"보통 강의료는 얼마 받으세요?"

"2시간에 100만 원입니다. 지방이면 교통비 조금 더 받고요."

"한 달에 몇 번 정도 하세요?"

"열 번쯤 합니다."

나는 잠시 생각하다가 말했다.

"그럼 강의료를 두 배로 올리시고, 횟수는 줄이세요. 남은 시간에 본인을 더 채우셔야 오래갑니다."

그는 미소를 지으며 고개를 끄덕였지만 이렇게 되물었다.

"그렇게 올리면… 누가 저를 부를까요?"

나는 단호하게 답했다.

"먼저 스스로의 가치를 믿어야 상대도 믿습니다. 제가 봤을 땐 충분히 그러실 분입니다."

그렇게 김창옥 강사와의 첫 인연은 시작되었다.

다시 만난 건 1년 뒤, 2008년 사업전진대회였다. 1년 전보다 회사도 커졌고, 그 역시 강사로서 더 왕성하게 활동하고 있었다. 강의 시작 전, 나는 조심스럽게 물었다.

"저 기억하시죠?"

그는 웃으며 말했다.

"어떻게 잊겠습니까."

강의가 끝난 뒤, 그가 먼저 말을 꺼냈다.

"서울 오시면 자전거 같이 타시죠. 제 자전거가 두 대 있습니다. 몸만 오세요."

다음 해 3월, 토요일에 점심을 함께 먹고 자전거를 타기로 했다. 그런데 약속 당일, 하필 폭우가 쏟아졌다. 자전거는 접었다. 대신 우리는 식당에 앉아 3시간 넘게 이야기를 나눴다. 대화가 길어질수록 묘한 끌림과 신뢰가 생겼다. 그때 내가 물었다.

"꿈이 뭡니까?"

그는 망설임 없이 답했다.

"〈오프라 윈프리쇼〉 같은 토크쇼를 해보고 싶습니다."

나는 즉시 말했다.

"하십시오. 제가 지원하겠습니다."

그날 대화로부터 실행까지 걸린 시간은 딱 두 달이었다.

2009년 5월, 〈포프리쇼〉 1회가 분당에서 시작됐다.

촬영은 격주, 업로드는 주 2편. 초반엔 시청자도 많지 않았고, 강의장은 늘 빈자리가 보였다. 광주에서 버스를 대절해 직원들이 객석을 채우기도 했다. 그래도 멈추지 않았다.

그렇게 3년이 흐른 어느 월요일, 영상을 업로드하자마자 홈페이지 서버가 다운됐다. 동시 접속자 2만 명. 그날을 기점으로 〈포프리쇼〉는 폭발적으로 성장했다.

많은 사람이 묻는다.

"제품 홍보도 안 하는데 왜 포프리쇼를 만드셨나요?"

총 500편, 제작비만 약 50억 원이 투입됐으니 물어볼 만했다. 내 답은 늘 세 가지였다.

첫 번째 이유는 건강을 돕는 것으로 빚을 갚고 싶어서였다.

나는 오래전부터 건강을 하나의 단어로 보지 않았다. 몸의 건

강과 마음의 건강은 결코 따로 움직이지 않는다고 믿었다. 포프리는 계란으로 사람들의 식탁을 책임지고 있었다. 몸에 들어가는 것을 통해 신체의 건강을 돕는 일을 하고 있다는 말이다.

그렇다면 마음은 누가 책임질까. 나는 사업을 하며 너무 많은 사람들의 얼굴을 봤다. 지쳐 있는 얼굴, 말없이 견디는 얼굴, 누군가에게 한번도 위로받지 못한 얼굴에 빛을 드리워주고 싶었다.

게다가 조류독감 시절을 지나며 사회로부터 받은 도움은 내 마음에 큰 빚으로 남아 있었다. 그때 15억 원의 채무 탕감이 없었다면 여기까지 오지 못했을 것이다. 언젠가는 그 빚을 갚아야 한다고 생각했다. 돈으로가 아니라, 사람의 마음을 다시 일으켜 세우는 방식으로 말이다. 그래서였다. 제품으로는 몸의 건강을 돕고, 콘텐츠로는 마음의 건강을 돕고 싶었다. 〈포프리쇼〉는 강연 프로그램이 아니라 '마음 건강 프로젝트'였다.

두 번째 이유는 아주 냉정한 계산에서 나온 마케팅이었다.

그 당시 TV 광고는 15초에 약 1,100만 원 수준이었다. 우리 같은 회사가 그걸 지속적으로 감당하기엔 현실적으로 쉽지 않았다. 마침 그 무렵은 종편 채널들이 막 생겨나던 시기였고, 콘텐츠가 절대적으로 부족했다. 대개 해외 프로그램을 사와서 편성표를 채우고 있었다.

그때 나는 계산기를 두드렸다. '광고 15초를 여러 번 사는 대

신, 완성도 있는 콘텐츠 한 시간을 만들면 사람들이 우리를 더 오래 기억하지 않을까?'

우리가 만든 콘텐츠를 무료로 제공하면, 채널은 편성을 채우고 우리는 자연스럽게 한 시간 동안 브랜드를 말할 수 있었다. 실제로 〈김창옥의 포프리쇼〉는 KT 올레TV에 무상으로 공급되어 방영되었다.

광고처럼 외치지 않았지만 사람들은 그 안에서 '포프리'라는 이름을 자연스럽게 기억하기 시작했다. 이건 광고가 아니라 신뢰를 쌓는 노출이었다.

세 번째 이유는, 사실 이게 가장 솔직한 이유인데, 바로 나 자신을 위해서였다.

지금 와서 고백하자면 그 무렵 나는 조금 취해 있었다. 작은 성공에, 사람들의 인정에, '이제는 안 될 게 없다'는 묘한 자신감에 말이다. 말이 행동보다 앞섰고, 생각의 깊이보다 속도가 빨랐다.

〈포프리쇼〉를 하면서 그 모든 게 바뀌었다. 매주 사람의 이야기를 듣고, 그들의 상처를 마주하고, 웃음 뒤에 숨은 고통을 보며 나는 자연스럽게 느려졌다. 말투가 부드러워졌고, 판단이 신중해졌고, 보여주기 위한 말이 줄어들었다.

어느 순간 깨달았다. '〈포프리쇼〉는 세상을 가르치기 위한 자

리가 아니라 내가 세상에게 배우는 자리구나.'

사람들은 지금도 가끔 묻는다.

"〈포프리쇼〉는 결국 누구를 위한 겁니까?"

나는 망설이지 않고 답한다.

"저부터입니다."

세상에 돌려주고 싶은 마음이 컸지만 정작 가장 크게 바뀐 사람은 나 자신이었다.

그러던 어느 날이었다. 우리의 촬영은 주로 토요일 오후 2시에 시작했는데 그날은 김창옥 강사가 정확히 시간에 맞춰 스튜디오로 들어왔다. 그의 얼굴에는 피로감이 역력했다. 오전에 이미 외부 강의를 하나 마치고 온 상태였다. 겉으로는 아무 말도 하지 않았지만, 단번에 알 수 있었다. 사람의 에너지가 콘텐츠의 온도를 결정한다는 걸 말이다. 그 자리에서 원칙 하나를 정했다. 촬영 당일 오전에는 외부 일정을 잡지 않는 대신 강의료를 두 배로 지급하기로 했다.

콘텐츠의 완성도는 장비가 아니라 사람의 컨디션에서 나온다는 판단 때문이었다. 결과적으로 그 결정은 옳았다. 이후 〈포프리쇼〉의 밀도는 눈에 띄게 달라졌다.

프로그램이 어느 정도 자리를 잡아가던 즈음부터, 나는 김창옥 강사를 '교수님'이라고 부르기 시작했다. 그는 그때마다 손사

래를 쳤다.

"무슨 교수예요. 그냥 강사죠."

하지만 내 대답은 늘 같았다.

"교수라고 부르면 교수 됩니다."

나는 오래전 『시크릿』이라는 책에서 읽은 한 문장을 삶에 적용해온 사람이다. 사람은 자신이 되고자 하는 모습을 반복해서 말하고, 믿고, 행동하면 결국 그 방향으로 수렴된다는 것. 이른바 '끌어당김의 법칙'이다. 나는 그걸 단순히 이론으로 받아들인 게 아니라 생활 속에서 실험해왔다.

김창옥 강사는 이미 교수라는 이름이 어색하지 않을 만큼의 깊이와 영향력을 가진 사람이었다. 그래서 나는 그렇게 불렀다. 그가 아직 아닌 이름이 아니라, 이미 충분히 될 자격이 있는 이름으로 말이다.

그리고 정확히 2년 뒤, 그에게 전화가 왔다. 목소리는 들떠 있었고, 숨이 약간 가빴다.

"대표님, 저… 교수 됐습니다."

그는 나에게 가장 먼저 이 소식을 전하고 싶었다고 했다. 그 순간, 우리는 둘 다 잠시 말을 잇지 못했다. 굳이 설명하지 않아도 서로가 무엇을 느끼고 있는지 알 수 있었기 때문이다.

그때 문득 김춘수의 시 〈꽃〉의 한 구절이 떠올랐다.

"내가 그의 이름을 불러주었을 때 그는 나에게로 와서 꽃이 되었다."

누군가를 먼저 믿어주는 일, 아직 도착하지 않은 이름으로 불러주는 일, 그 작은 태도가 한 사람의 인생 방향을 바꿀 수도 있다는 걸 나는 그 순간 또 한 번 확인했다.

누군가에게 건넨 한 번의 기대와 존중이 세상을 조금 더 나은 방향으로 움직일 수 있다는 믿음. 그 믿음이 틀리지 않았다는 증거가 바로 그 전화 한 통이었다.

35

교수님, 겹쳐요, 겹쳐!

〈포프리쇼〉를 거의 10년에 가깝게 이어오며 김창옥 교수와 나는 일부러 여행을 많이 다녔다. 이유는 단순했다. 콘텐츠 내용이 겹치지 않기 위해서였다. 같은 무대, 같은 호흡, 같은 질문 앞에 서는 시간이 1년, 2년, 5년을 넘어가면 아무리 새로운 이야기를 하려 해도 문장은 닮아가고, 비유는 반복된다.

강의 중에 "어? 이 말… 예전에 했던 말 아닌가?" 하는 순간이 오면 그건 콘텐츠의 피로가 아니라 사고의 정체라는 신호였다. 그래서 강의가 끝나면 나는 일부러 농담처럼 말했다.

"교수님, 겹쳐요, 겹쳐!"

처음엔 웃고 넘겼지만 어느 순간부터 그 말은 김창옥 교수에게 사이렌이 되었다.

원고를 쓰다 말고 고개를 들고 '이건 예전에 쓴 비유 아닌가?' 하며 스스로를 점검했고, 강의 중에도 겹칠 것 같은 예시는 끝내 입에 올리지 않았다.

그러다 보니 이른바 '겹쳐 증후군'이 생겼다. 이걸 해결하는 유일한 방법은 새로운 경험을 몸에 넣는 것뿐이었다. 그래서 우리는 강의 소재를 위해 수많은 여행을 떠났다.

그중 몇 가지 에피소드를 소개해본다.

이탈리아 남부, 포지타노. 7월의 새벽 다섯 시였다. 방 안까지 울려 들어오는 음악 소리에 잠이 깼다. 누가 이렇게 이른 아침부터 미친 듯이 음악을 틀어대는 건가 싶어 반쯤 열린 창문을 닫으려는 순간, 박수 소리가 들렸다. 잠결에 귀를 의심했다.

김창옥 교수를 깨우지 않으려고 조심히 로비로 내려가 프런트에 물었다.

"혹시 밖에서 무슨 행사 있나요?"

직원이 아무렇지 않게 말했다.

"광장에서 콘서트가 열리고 있어요."

광장으로 내려가 보니 검은 옷을 맞춰 입은 오케스트라 단원 100여 명이 이미 연주 중이었다. 광장 앞에는 의자가 빽빽했고 그 둘레로 사람들은 큰 원을 만들고 서 있었다.

바이올린은 새벽 공기를 가르며 울렸고, 콘트라베이스는 바다 쪽으로 낮고 길게 깔렸다.

몇 곡이 흘렀을까? 지휘자가 객석을 향해 돌아서더니 두 손을 들어 올렸다. 그리고 관객을 지휘하기 시작했다. 박수. 사람들의 손뼉이 박자를 타며 연주에 섞였다. 그 순간 깨달았다.

'아… 박수도 악기가 될 수 있구나.'

잠시 후 무대 뒤쪽 바다 위로 해가 떠올랐다. 그 장면을 보며 나는 마음속으로 다짐했다.

'한국에서도 이 경험을 나누고 싶다. 언젠가 반드시 이런 공연을 만들어야지.'

한국에 돌아오자마자 계획을 세웠다. 1월 1일 새벽, 해운대. 일출과 동시에 김창옥 교수의 강의, 그리고 오케스트라 연주를 하기로 계획했다. 해운대구청 허가도 받았다. 연주팀을 찾다 전주 '클나무 오케스트라'를 만났다. 은퇴한 은○○ 교수님이 후배들에게 무대를 만들어주고 싶어 사비로 만든 팀이었다.

강의와 음악을 엮는 구조로 공연을 설계했다. 하지만 리허설을 하며 예상치 못한 문제를 발견했다. 가을 새벽인데도 기온이 유난히 낮았다. 연주자들의 손이 굳었고 호흡이 흔들렸다. 단원들은 솔직하게 말했다.

"가을도 이런데 겨울 새벽에는 도저히 불가능할 것 같습니다."

난로를 옆에 두자는 제안도 해봤지만 결론은 같았다. 결국 해운대 새해 공연은 취소했다. 아쉬웠지만 그 대신 이 형식을 실내 공연으로 옮겨 여러 차례 진행했다. 그 과정에서 김창옥 교수 강의의 깊이는 더욱 깊어졌다.

또 한 번은 포프리 직원들과 함께 부안 둘레길을 걸었다. 두 시간 트레킹 후 솔밭 사이에 자리를 잡고 토크콘서트를 열었다.

강의가 끝난 뒤 눈을 감게 하고 클라리넷으로 연주하는 "고향의 봄"을 감상하게 했다. 눈을 감으며 들려오는 솔바람, 나무 사이로 스치는 음악, 강의의 여운. 이것이 한데 어우러져 대부분 눈물을 흘렸다.

이 경험은 훗날 김창옥 토크쇼에서 음악과 강의의 결합으로 이어졌다. 새로운 콘텐츠는 언제나 이런 식으로 태어났다.

〈포프리쇼〉를 하며 가장 잊지 못하는 순간이 있다.

어느 날 촬영 전, 한 여성이 책 두 권과 크리스마스 카드를 내 손에 쥐여주고 아무 말없이 떠났다. 촬영이 끝난 뒤 봉투를 열었다. 손글씨였다.

"너무 힘들어 옥상으로 올라갔습니다. 그런데 문이 잠겨 있었습니다. 그 자리에서 한참 울고 내려왔습니다. 집에 돌아와 우연히 〈포프리쇼〉를 보게 되었습니다. 다음 날도, 그 다음 날도 봤습니다. 그리고 다시 살기로 마음먹었습니다."

마지막 문장은 짧았다.

"다시 살게 해주셔서 감사합니다."

그 순간 아무 말도 나오지 않았다. 누군가를 살려냈다는 뿌듯함은 곧 책임감으로 바뀌었다. 그래서 더더욱 〈포프리쇼〉를 멈출 수가 없었다.

지금까지 〈포프리쇼〉는 형식을 계속 바꿔왔다. 김창옥 교수가 중심이었고, 이후 정선희, 문천식 씨가 100회를 진행했다. 시청자 사연을 받아 꽁트로 풀고 상담으로 이어가는 구조. 김영희, 조승재, 홍원, 김니나가 꽁트와 토크를 함께했다. 이런 시도도 처음으로 해보았다.

김창옥 교수는 이제 자신의 채널에서 강의를 이어가고 있다. 〈포프리쇼〉는 다음 도전을 준비 중이다. 노숙인 재활 프로젝트, 임종을 앞둔 분들의 마지막 소원을 들어주는 콘텐츠 등 보여주기 위한 콘텐츠가 아니라 살아남는 데 도움이 되는 콘텐츠를 만들고자 한다. 이게 바로 〈포프리쇼〉의 다음 목표이자 내가 아직도 이 일을 놓지 않는 이유다.

INSIGHT

인생도, 일도 멈추지 않고 시도하는 사람에게만 다음 장을 허락합니다.

36

작품을 만드는 예술가처럼

조류독감이 지나가고, 사업이 다시 숨을 고르던 무렵이었다. 계란 하나에 기대 선 정기배송 구조, 보기에는 날렵했지만 한 번 더 같은 재난이 오면 그대로 무너질 얕은 탑이었다. '품목을 늘리자'라고 마음을 먹었다. 단일 카테고리 의존도를 낮추고 포트폴리오를 다각화하자. 구독 모델의 기반을 '계란'에서 '주방 및 식탁 생활'로 넓히자.

결심을 굳힌 다음 마음을 다잡기 위해 이런 문장을 나 자신에게 던졌다.

'대충은 없다. 하나하나 작품처럼 만들자.'

예술가도 아닌 내가 작품을 말한다는 게 다른 사람들에게는 우습게 들릴 수 있다. 그래도 '작품'이라는 단어만큼 우리 제품 철학을 설명하는 단어를 못 찾았다. 작품을 만들려면, 대상에 대해 '팔 만큼'이 아니라 '써낼 만큼' 알아야 했다. 그래서 매번 시작 전에 전문가 수준으로 파고들었다. 그래야 제품이 가진 이야기를 내 말이 아니라 제품 자체의 감각으로 전달할 수 있기 때문이었다.

첫 작품으로 고른 건 산양유였다. 이름은 '하이디'. 산양—알프스—하이디, 머릿속 연상 고리를 그대로 브랜드에 올렸다.

브랜딩이란 기억의 지름길을 만드는 일이다. 단어—이미지—감정이 한 번에 떠오르도록 하는 연상 구조가 인지 과부하를 낮추고 최초 구매—재구매 전환을 돕기 때문이었다.

축산을 오래 한 덕에 우유에 관한 고민을 잘 알고 있었다. 산양유는 단백질 구성이 모유와 가까워 커드(우유가 산이나 효소에 의해 응고되는 것)가 덜 생기고, 유당이 낮아 소화도 편했다. 그래서 유당불내증 인구가 많은 중동에서는 산양유를 즐겨 마신다. 출시 6개월, 판매량은 단숨에 1위로 올라섰다. 그런데 첫 모금과 함께 코로 치고 올라오는 특유의 향—좋게 말하면 들판 냄새, 솔직히 말하면 고트 스멜(산양 냄새)—이 장벽이 됐다. 아이들이 엄마 몰래 변기에 버렸다는 사연이 쌓였다. 요쿠르트를 개발해 냄새를 눌러보기도 했지만 '신규가 늘었고, 이탈도 늘었다'라는 보고서가 매달 반복해서 올라왔다. 결국 사업을 접었다.

버섯은 확신에 가까웠다. 칼로리는 낮고 영양은 높고, 갓 딴 표고 향은 미칠 만큼 좋았다. 그래서 정기배송을 시작했다. 두 달 뒤 들어온 피드백은 "좋은데 남아요", "한 주 쉬면 좋겠어요", "사놓고 못 써요"였다. 우리는 그때 배웠다. 정기배송의 본질은 '맛'보다 '타이밍'이라는 걸. 냉장고에서 기다리다 상해버리는 식재료는 우리의 열정이 아니라, 설계의 결핍을 말해주었다. 정기구독은 '배송 주기'와 '소비 속도'의 합이였다.

식빵은 더 어려웠다. '갓 구운 빵'이라는 말만으로도 가슴이 뛴다. 모든 재료를 유기농으로 맞추고, 물까지 집착했다. 문제는 시간. 발효는 날씨에 좌우된다. 우리의 약속은 '매주 아침', 빵의 약속은 '나 지금 구워지는 중'이었다. 둘은 자주 부딪혔다. 계절별 발효 프로파일(온도, 습도, 시간)을 만들어 벽에 붙였다. 그런데 표를 붙였다고 공정대로 되면 얼마나 좋으랴. 급기야 제빵사가 고개 숙여 말했다.

"생활이 발효에 맞춰 흔들립니다."

내 준비 부족이 직원의 일상을 흔들었다는 자책이 남았다.

이 일로 내가 깨달은 건 제약이 큰 카테고리는 공정 자동화가 보장되어야 한다는 것이다. '품질 일관성'이 확보되지 않으면 '브랜드 신뢰'가 무너지기 때문에 양보할 수 없는 조건이었다.

포프리 수산을 설립해 대게를 판매한 적도 있었다. 강원도 묵호항에서 배 3척을 빌렸다. 갓 잡은 대게를 경매 없이 배에서 바로 우리 창고로, 그리고 고객 문 앞으로. 신선 그 자체를 보여주고 싶었다. 반응은 폭발적이었다. 그런데 어느 날 뉴스에 '우리나라 해역 낙지 먹물에서 중금속 검출'이라는 기사 한 줄이 났다. 지역은 달랐지만, 내 머릿속엔 '대게의 내장, 괜찮을까?' 하는 생각이 들어찼다. 의심이 들 때는 과감하게 결단을 내려야 한다. 우리 가족이 먹는 음식이라고 생각하면 피할 테니 말이다. 우리는 즉시 판매를 멈췄다

대게 판매를 중단한 다음엔 멸치에 눈을 돌렸다. 이번에는 전남 여수로 내려갔다. 멸치를 잡기 위해 멸치 배를 빌렸다. 멸치 가공은 우리 방식대로 하고 싶었기 때문이었다. 배에서 자숙할 때 신안 천일염만 쓰고, 조미료는 배제했다.

이번에 우리의 발목을 잡은 건 잡은 멸치의 크기가 천차만별이라는 거였다. 자연산의 숙명이었다. 경매장에는 이미 크기별로 선별된 물량이 나오지만, 직접 조업에서는 매번 분류 지옥이 펼쳐졌다. 제품 표준이 안 잡히니 구독도 잡히지 않았다. 과감히 접었다. 표준화가 어려우면 B2B나 시즌 한정, 혹은 혼합세트가

대안이었지만 과감히 또 접었다.

돼지고기는 가장 집요하게 파고들었다. 사람들은 삼겹살만 찾는다. 우리는 도체 110kg을 해체해 비율을 계산했다. 삼겹살, 전지, 후지, 목살, 갈비, 등심, 안심까지 대략 57kg. 이걸 일주일 식단으로 설계해 21명이 돼지 한 마리를 나눠 먹는 시스템을 만들었다. 식단은 구이—제육볶음—카레·짜장—돈가스—떡갈비 등으로 구성되었다. 이름은 '꽁듀.' 품종은 흑돼지 원종 버크셔를 택했다. 불포화지방산이 높아 지방이 혈관에 쌓이는 걸 줄일 수 있는 품종이었다.

하지만 좋은 품종이라고 해도 최종적으로 품질을 결정하는 건 도축장이다. 전북 장수 도축장 2층에 과감히 투자해 가공장을 올렸다. 첫 도축만 고집했고(전날 기계 세척이 끝난 상태), 털 제거 용수는 매회 새 물을 사용하고, 마지막은 은나노수로 재세척했다. 그리고 전용 저온창고에서 숙성했다. 우리는 여기서 그치지 않고 가공장에 CCTV를 설치해 모든 공정을 누구나 볼 수 있도록 만들었으며, 이를 홈페이지에서 생중계해서 가시성visibility을 높였다.

이 사업은 승승장구하며 성장했다. 하지만 장수 도축장이 경매에 넘어가며 2층 가공장을 통째로 잃었다. 남의 건물 옥상 위에 단순히 품질 하나에 모든 걸 걸고 2011년 15억 원이라는 돈을 투자했지만 멈출 수밖에 없었다. 처음부터 무모했다. 오직 품질 하나만 집착하다가, 결국은 지속 불가능한 상황을 만들었다는 사실이 뼈아팠다. 하지만 이 경험을 통해 제품 설계에 조금 더 세심하게 신경을 쓰게 되었다.

포프리 화순 본사엔 1,000평 규모의 아쿠아포닉스 연구소가 있다. 물고기 분변이 채소를 키우고, 채소가 물을 맑게 하는 순환 구조다. 하루 100kg 이상 잎채소가 나왔고, 샐러드 제품을 만들자는 생각을 했다. 샐러드의 핵심은 소스, 소스의 핵심은 올리브유, 공부를 시작했고, 곧 '한국에서 정말 좋은 올리브유를 안정적으로 구하긴 어렵다'는 결론에 이르렀다. 수확연도 표기가 없고, 블렌딩 비율이 불명확했다.

우리는 '없으면 만들자'는 생각으로 튀르키예 이즈미르, 베일러 마을의 군사보호구역 안에 자리한 올리브 농장을 샀다. 품종은 알칸제 단일품종이고, 수천 그루의 나무 중 천 년 넘은 나무 여덟 그루조차 여전히 열매를 맺을 정도로 수확량이 좋았다. 매년 11월 수확—냉압착—직송 시스템을 갖추었다. 이렇게 '포프리 베일러 올리브유'가 탄생했다. 그 기름으로 유기농 올리브 김을 만들고, 일부는 돈가스 기름으로 썼다. 말도 안 될 만큼 손이 가는 길을 우리는 즐겼다.

두부는 국산콩을 100퍼센트 껍질째 갈아 만든다. 영양을 버리지 않겠다는 고집이었다. 콩나물은 제주에서 자란 콩으로 국용은 노란 콩나물, 무침용은 초록 콩나물로 따로 키웠다. 초록 콩나물이 영양은 더 많지만, 국으로 끓이면 엽록소가 빠져 국물이 흐려지기 때문에 시중에는 편의상 노란 콩나물만 판매한다. 우리는 또 어려운 길을 택했다.

두유는 더 단출했다. 콩, 물, 프리바이오틱스, 게랑드 소금만 넣었고, 성분표에서 불필요한 줄을 하나씩 지웠다. 성분표가 짧아질수록 고객 표정은 편안해졌다.

쌀은 해마다 다르다. 햇볕과 비, 바람이 해마다 다른 밥맛을 만든다. 우리는 해마다 블렌딩 비율을 새로 정했다. 마치 소믈리에처럼. 그리고 200g 이지컷 소포장으로 산화와 쌀벌레가 나는 것을 막았다. 포장비가 늘었지만, 맛은 오래갔다. 밥솥을 여는 순간 "어?" 하고 새어 나오는 감탄. 그게 가장 강력한 마케팅이었다.

나는 가끔 칠판에 이렇게 적는다.

'작품 체크'

— 산지와 사람을 실명으로 말할 수 있는가.

— 공정의 사진과 수치를 공개할 수 있는가.

— 성분표를 다섯 줄 안에 넣을 수 있는가.

— 시간 약속을 지킬 수 있는가.

— 라이브 공개가 두려운 구석이 있는가.

누군가 "글쎄요…" 하면 미뤘다. 급한 매출보다, 다음 작품의 명세서를 두껍게 만드는 일을 택했다. 실패는 비용이 아니라 스펙이었다. 우리에겐 '실패 사용설명서'가 필요했다.

밤늦게 불을 끄고 사무실을 나올 때면, 상자들이 다 같은 박스로 보이지 않았다. 이쪽은 자연을 담았고, 저쪽은 저온 숙성고의 공기를 품었다. 하나같이 고집스러웠다. 우리는 그 고집을

'브랜드'라고 불렀다. 우리가 만든 건 제품 목록이 아니었다. 시간을 지키는 습관, 맛을 지키는 고집, 과정을 보여주는 태도였다. 그리고 그 세 가지가 한데 모여 한 편의 이야기가 되었다.

그래서 이제 우리 제품들은 작품이라 불러도, 어색하지 않다.

포프리의 제품 종류는 많지 않다. 하지만 제품 하나하나의 스토리가 작품이다.

여기에서 포프리의 모든 제품을 다 소개할 수는 없지만, 한 가지는 분명하게 말할 수 있다. 많은 기업들이 더 많이 팔고 더 오래 보관하기 위해 식품을 자연스럽지 못하게 만들곤 하지만 우리는 반대다.

포프리는 첨가하지 않고, 빼는 회사다. 자연에 가장 가깝도록 하기 위해서다. 왜냐하면 자연이 가장 완전하니까. 그래서 나는 늘 '우리는 자연을 전달한다'는 자부심을 가지고 있다.

포프리 제품 체험하기

INSIGHT

자연이 가장 완벽합니다. 제품도 인생도 자연스러울 때 가장 오래 남습니다.

5장

우리는 함께 꿈꾸고, 함께 성장합니다

37

사람을 빚는 회사

사업을 오래 하다 보니, 결국 마음에 남는 단어는 하나였다.

'사람.'

새벽의 배송도, 길거리에서의 영업도, 콜센터로 걸려오는 고객의 전화도 모두 사람의 손끝에서 시작되고, 사람의 마음에서 완성된다. 공정은 매뉴얼로 돌아간다고 말하지만, 그 매뉴얼을 만들고 지키는 것 역시 사람이다. 사업을 하면 할수록, 결국 가장 중요한 건 언제나 사람이라고 점점 더 확신하게 되었다.

본사를 지방에 두고 있다는 사실은 채용에서 늘 불리하게 작용했다. 수도권에 비해 지원자는 적었고, 구인 공고를 올려도 연락은 뜸했다. 그래서 방향을 바꾸었다. 좋은 사람을 억지로 찾으려 하지 말자. 좋은 사람이 먼저 오게 만들자. 그리고 오면, 제대로 키우자.

그렇게 채용 기준부터 교육 체계까지 포프리만의 방식을 다시 설계했다. 그 결과물이 바로 포프리 마스트MARST 교육이다.

MARST는 표면적으로는 Marketing Specialist(마케팅 스페셜리스트)의 약자다. 하지만 우리가 이 이름에 담은 진짜 의미는 따로 있었다.

Mars(화성) + ST(Specialist Track, 스페셜리스트 트랙).

아직 갈 수는 없지만, 반드시 가야만 하는 곳을 향해 도전하는 사람들이라는 의미다.

"우린 아직 못 가지만, 가야 하니까."

그 문장 하나만으로도 심장이 두 번 뛰는 이름이었다.

첫 모집 공고는 작은 마법처럼 퍼져 나갔다. 광주여상 3학년이던 디자인팀 인턴이 자기 경험을 바탕으로 카피를 써 왔다. 구인란 맨 위에는 딱 한 줄이 적혀 있었다.

"안녕, 친구야."

스크롤을 끝까지 내려야 다음 줄이 나타났다.

"만나서 반가워."

한 번 더 내려야 또 한 줄이 이어졌다.

"먼저, 우리의 이야기를 들려줄게."

그 뒤로는 우리가 왜 시작했는지, 어떤 철학으로 움직이는지, 들어오면 무엇을 하게 되는지를 조용히 풀어냈다.

마지막 문장은 이렇게 끝났다.

"우린, 우리와 닮은 너를 기다리고 있을게."

그 순간, 문이 열렸다. 지원자는 1만 명을 넘었다. 그때 나는 깨달았다. 채용도 마케팅이라는 것을. 우리가 하고 싶은 말이 아니라, 오는 사람의 언어로 말해야 문이 열린다는 사실을 말이다.

1차 서류 전형에는 꼬박 일주일 넘게 시간을 썼다. 나는 가장 먼저 사진의 태도를 봤다. 셀카 각도, 손가락 V, 트레이닝복 차림 등 기본적인 예의를 놓친 사진이 포함된 서류는 읽지 않았다. 사진이 없으면 자기소개서로 넘어갔다. 가장 오래 붙든 문단은 언제나 미래 비전이다. 여기서 무엇을 배우고, 어디로 가고 싶은지. 그렇게 50명을 추렸다.

2차 실무 면접에서는 단점을 찾지 않았다. 짧은 시간에 약점을 파헤치기보다는 왜 이 사람을 뽑아야 하는지를 찾는 쪽이 옳다고 믿기 때문이다. 눈빛에 가능성이 반짝이면 합격 도장을 찍었다.

그리고 마지막, 3차 전형이 시작됐다. 1박 2일 합숙 면접. 낮에는 회사의 과거와 현재, 그리고 우리가 가려는 미래를 이야기했다. 점심 이후에는 체육 활동을 진행했다. 사람은 몸을 쓰면 본모습이 나온다. 협동심, 배려, 끈기, 리더십이 땀과 함께 드러났다. 해가 기울면 긴 저녁 식사를 열었다. 원하면 술도 허용했다. 편안해야 진짜 얼굴이 나오기 때문이다.

그리고 모두가 '이제 자겠지' 하고 마음을 놓는 순간, 조별 과제가 주어졌다. 노트북을 한 대씩 지급하고, 주제는 제비뽑기로 결정되었다. 안내문에는 단 한 줄만 적혀 있다.

"발표는 내일 아침 6시."

그리고 그날 밤, 조별 과제를 수행하는 과정을 지켜보았다. 즉 결과물이 아니라 과정을 본 것이다. 누가 팀을 이끄는지, 누가 묵묵히 듣는지, 누가 몰래 빠져나가는지 등을 두루 살폈고, 말 잘하는 사람보다 끝까지 남아 팀을 챙기는 사람에게 점수를 줬다.

그렇게 마스트 1기, 20명을 선발했다. 이제 키우는 시간이었다. 이론 2주, 실습 4주, 통합 6주. 총 6주 합숙 교육이 진행되었다.

그렇게 길러진 마스트 1기는 다음 기수 선발과 교육을 담당했다. 트레이니가 트레이너가 되었다. 직접 뽑아본 사람은 채용의 무게를 안다. 그래서 2기부터는 조직의 공기가 달라졌다. '내가 데려온 동료'라는 책임감이 자연스럽게 퍼졌다. 결과적으로 포프리 마스트의 총 교육 기간은 12주가 되었다.

몇 기수를 거치며 우리는 알게 되었다. 교육을 받으면 사람의 꿈이 자란다는 것을. 문제는 그다음이었다. 꿈이 커진 사람들 중 일부는 더 큰 세상을 향해 조직을 떠났다. 교육비만 13억 원. 어떤 기수는 단 한 명만 남았다. 그 직원을 볼 때마다 나는 웃으며 말했다.

"자네는 진짜 백만 불짜리 사람이야."

웃으며 말했지만, 마음 한편은 씁쓸했다. 그만둘까 고민도 했다. 하지만 결론은 늘 같았다. 멈추면 안 된다. 교육을 멈추면 비용은 줄어들지 몰라도 브랜드의 뿌리는 약해진다.

그래서 방식을 바꿨다. 한 번에 많이 가르치지 않고, 조금씩 소화하며 성장하도록 구조를 바꿨다. 그렇게 포프리 마스트는

38기까지 이어졌고, 앞으로도 계속될 것이다.

우리는 제품만 만드는 회사가 아니다. 사람을 만들고, 사람이 다시 사람을 키우는 구조를 만드는 회사다. 그리고 나는 믿는다. 사람을 빚는 일을 멈추는 순간, 회사는 더 이상 성장하지 않는다는 것을 말이다.

INSIGHT

회사는 사람을 길러낼 수 있는 크기만큼 성장합니다.

38

제약을 없애는 훈련, 사람을 세우는 시스템

소개한 것처럼 마스트 교육 프로그램은 내가 직접 설계했다. 여러 차례 이야기했듯, 회사가 성장하려면 결국 사람이 성장해야 한다는 믿음 때문이다. 사람은 비가 오면 날씨 탓을 하고, 밤이 길어지면 흔들리며, 낯선 공간은 두려워한다. 그래서 교육의 첫 번째 목표를 이렇게 정했다. 시간, 날씨, 장소의 제약을 없애는 것. 두 번째 목표는 지·덕·체를 균형 있게 갖춘 인재를 만드는 것이었다. 말로만 하지 않았다. 마스트의 모든 과정은 이 두 가지 목표에 맞춰 설계되었다.

교육 첫날은 언제나 회사의 역사로 시작한다. 우리가 왜 시작했고, 어디서 꺾였으며, 무엇으로 다시 일어섰는지를 자료와 숫자로 그대로 보여준다. 숨기지 않는다. 실패의 원인과 복구의 순서까지 함께 제시해주었다. 신입으로서 회사의 목표를 가장 빠르게 이해하는 방법은 포장된 홍보물이 아니라, 있는 그대로의 연표다. 역사를 알아야 같은 실수를 반복하지 않기 때문이다.

그다음으로 넣은 프로그램은 '사진학' 특강이다. 사진은 한 컷이다. 짧은 순간에 본질을 짚어내야 한다. 정보가 넘치는 시대일수록 핵심을 추려내는 감각이 필요하다. 때로는 사진 한 장이 긴 글보다 훨씬 설득력이 있다. 무엇을 빼고 무엇을 남길 것인가, 그 판단력이 업무의 속도와 정확도를 결정한다고 믿기에 프로그램에 넣었다.

퇴소식에서는 교육 기간 동안 배운 것과 각자의 비전을 조별로 발표하게 한다. 사진을 엮어 하나의 이야기로 만들고, 조별로 스토리를 완성한다. 이 마지막 발표에서 대부분이 운다. 2주간 쉼 없이 달려온 동료들과 무언가를 함께 이뤄냈다는 감정이 한꺼번에 밀려오기 때문이다.

본격적인 실무와 태도 교육도 구성되어 있다. 친절 교육, 비즈니스 매너, 식품안전 교육은 기본이다. 각 분야 실무 강사를 초빙해 업계 전반을 입체적으로 볼 수 있도록 했다.

메이크업 아티스트의 강의도 포함했는데, 고객 앞에서 보이는 태도와 인상은 업무 능력의 일부라고 믿기 때문이다. 고객은 말보다 먼저 외형을 본다. 단순한 '멋'을 가르친 게 아니라, 신뢰를 만드는 법을 가르쳤다. 옷의 실루엣, 구두의 상태, 머리 모양까지 스스로 점검할 수 있도록 교육했다.

체력 관리도 빠지지 않았다. 주 2회 체육 활동을 반드시 넣었고, 비가 와도 그대로 진행했다. 우비도 쓰지 않고 달렸고, 젖은 유니폼을 말리지 않은 채 회의도 해봤다. 현장은 날씨를 정해주지 않는다. 불편함에 적응하는 힘이 쌓여야 한다. 날씨에 쓰러지지 않는 사람, 악조건에서도 도전하는 사람이 필요했다.

프로그램 중 가장 기억에 남는 과정은 'Buying & Selling(사입하고 판매하기)'이다. 첫날 4명으로 구성되는 조를 짜고, 각 조별로 4만 원을 지급한다. 준비 기간 5일, 동일한 장소, 영업 시간 5시간. 조건은 모두 같다. 다만 무엇을 팔지는 각 조가 스스로 정한다. 매대 디자인, 고객 동선, 멘트, 가격까지 전부 직접 준비한다.

결과는 매 기수마다 극명했다. 최고 매출 44만 원, 최저 매출 0원. 같은 조건에서 11배 차이가 났다. 이 과정을 지켜보며 다시 한번 확신했다. 같은 시간과 같은 돈을 받아도, 준비가 다르면 결과는 완전히 달라진다는 것을 말이다.

짧은 시간에도 이렇게 차이가 나는데 긴 인생에서는 얼마나 차이가 나겠는가를 몸으로 직접 경험하게 했다. 이 과제를 만든 이유는 단 하나였다. 선택의 무게를 몸으로 느끼게 하고, 실행 전에 점검하는 체크리스트의 힘을 스스로 깨닫게 하기 위해서였다.

한편 포프리 마스트의 마케팅 수업은 의외로 낚시로 시작한다. 프로의 낚시 강의를 듣고, 이어서 강이나 바다로 낚시를 간다. 대상 어종에 따라 미끼가 달라지고, 채비가 달라지며, 물때와 수심에 따라서도 달라진다. 준비 없이 던지면 백 번을 던져도 빈 줄만 돌아온다.

우리는 이 과정을 통해 고객도 마찬가지라는 사실을 직접 느낄 수 있도록 해준다. 자기 기준이 아니라 고객의 기준으로 생각해야 한다는 원칙을 낚시로 체득하도록 해주는 셈이다. 이후 우리는 외부 이동의 비효율을 줄이기 위해 연수원을 지을 때 아예 작은 낚시터를 내부에 배치했다.

수면과 시간 관리는 특히 엄격했다. 과제는 '표준 수면'으로는 끝낼 수 없게 설계했다. 목표는 밤을 새우게 하는 게 아니라, 한정된 시간 안에서 우선순위를 재배치하고 타임라인을 지키는 습관을 들이는 것이었다. 수업 중 졸음이 오면 서서 듣게 했다. 어떤 직원은 졸음을 이기려고 팔과 다리를 꼬집어 멍이 들 정도였다. 그 모습을 보며 나는 다시 한번 어떤 일이 있어도 이들의 꿈을 지원해야겠다고 다짐했다.

시간은 모든 사람에게 공평한 자원이다. 그 시간을 어떻게 다루느냐에 따라 인생의 밀도가 달라진다. 그래서 가장 먼저 시간을 버는 습관을 가르치는 것이다.

자연과 마주하고, 자신과 마주하는 방법을 배우기 위해 템플스테이도 넣었다. 스마트폰을 가방에 넣고 홀로 산사를 걷는다. 듣고, 느끼고, 멈춘다. 그리고 고요한 자신과 마주하는 법을 가르친다.

마스트 교육은 누군가를 끌고 가는 교육이 아니라, 시간과 환경, 공간의 제약 앞에서도 스스로 판단하고 책임질 수 있는 사람으로 성장시키는 과정이었다.

포프리 마스트를 거친 사람들이 성장하는 과정을 지켜보며 사람에게 투자하는 일은 어렵더라도 포기할 수 없음을 다시금 느끼며 실행하고 있다.

INSIGHT

시간, 날씨, 장소의 제약을 넘어서면 조건이 아니라 선택으로 성장합니다.

39

가전은 써보니 LG,
계란은 포프리

고속도로를 달리다 보면 시야 끝에서 한 번쯤은 휙 스쳐가는 거대한 광고판이 있다. 정신없이 지나치지만, 이상하게도 어떤 문장은 머릿속에 남는다.

어느 날, 동탄 인근 상행선 고속도로의 그 광고판 자리가 비었다는 소식을 들었다. 한 치킨 브랜드가 대표 이슈로 계약을 중단했고, 커다란 판 하나가 그대로 비어 있다는 것이었다. 나는 망설이지 않고 바로 전화를 걸었다.

"지금 계약 가능합니까?"

다행히도 광고판 소유주는 포프리 고객이었다. 우리가 어떻게 일하는지, 어떤 방식으로 브랜드를 쌓아왔는지를 이미 알고 있는 분이었다. 그래서 협상은 길지 않았다. 가격도, 조건도 적정선에서 빠르게 정리됐다.

이제 광고 카피를 쓰는 일이 남았다. 우선 육하원칙을 꺼내 들었다.

언제 보나? 어디서 보나? 어떻게 보여야 하나? 누구에게? 무엇을? 왜?

이 여섯 질문에 답하지 못하는 문장은 아무리 멋있어 보여도 허공으로 흩어질 뿐이다. 이번 광고는 옥외 광고였다. 옥외 광고는 감성보다 가독성이 먼저다. 우리는 광고판이 걸릴 자리를 기준으로 하나씩 해부하기 시작했다.

- 언제 보나? → 고속도로 주행 중, 24시간. (야간 조명 포함)
- 어디서 보나? → 시속 100km, 운전대 너머, 약 2초.
- 어떻게 보여야 하나? → 한눈에, 큰 글씨, 한 문장. 색 대비는 강하게, 획은 굵게, 여백은 크게.
- 누구에게? → 이미 포프리를 쓰는 회원, 또는 곧 회원이 될 잠재 고객.
- 무엇을? → 내가 먹는 계란이 '명품'이라는 자부심.
- 왜? → 정기배송 고객의 자부심을 자산화해 해지와 중지를

막는 록인Lock-in 전략.

이 기준에 따라 우리가 광고를 내걸 곳을 분석했다. 동탄은 수원과 맞닿아 있고, 근처에는 '가전의 제왕' 삼성전자 본사가 있다. 나는 이 지점을 그냥 지나치지 않았다. 사람의 머릿속에는 이미 기준점이 있다. 우리는 그 기준 옆에 서기로 했다. 마케팅에서는 이걸 사다리 타기라고 부른다. 그렇게 결정된 첫 문장은 이거였다.

"가전은 삼성, 계란은 포프리."

운전자는 2초 안에 이해한다. 가전의 대명사가 삼성이라면, 계란의 대명사는 포프리라는 메시지. 의도는 단순했고, 계산은 명확했다.

솔직히 말하면, 삼성의 공식 반응을 살짝 기대하기도 했다. PR의 역설 때문이다. 큰 이름이 한 번만 언급해줘도 노출은 기하급수적으로 늘어난다. 하지만 공식 대응 대신 약 3년이 지난 뒤, 삼성 측에서 정중한 연락이 왔다.

"문구를 조정해주실 수 있겠습니까?"

우리는 바로 바꾸지 않고, 1년을 더 버텼다. 그 사이에도 요청은 이어졌고, 결국 문장을 이렇게 바꿨다.

"가전은 써보니 LG, 계란은 포프리."

이 문장은 더 강했다. 사람들의 반응이 바뀌었다. '가전은 삼성이라더니… 써보니 엘지?' 웃음이 나고, 고개가 돌아가고, 다시 한번 읽게 되는 문장이었다. 효과는 폭발적이었다.

그리고 또 하나의 운이 따라왔다. 동탄 진입로 공사로 인해 광고판 위치가 고속도로 중앙으로 이동했다. 상·하행선 모두에서 정면으로 보이는 자리였다. 명절과 연휴, 정체가 시작되면 노출은 말 그대로 폭발했다.

지금은 안전상의 이유로 그 광고판은 철거됐다. 아쉽다면 아쉽다. 하지만 목적은 이미 달성됐다. 광고판은 내려갔지만, 사람들의 머릿속에는 하나의 문장이 남아 있다.

"계란 = 포프리."

INSIGHT

목표를 말이 아닌 계획으로 만들고 싶을 때, 육하원칙을 활용해보세요.

40

세상의 시그널에 기민하게 반응하는 일

세상에 이유 없이 거기 있는 것은 없다. 거울이 벽 한가운데가 아니라 출입문 옆에 붙어 있는 데는 동선이라는 이유가 있고, 휴지걸이는 손이 닿는 높이에 달린다. 버스정류장은 일정한 간격으로 배치된다. 세상은 이미 수많은 사인으로 채워져 있다. 중요한 건 그것을 보는 눈이다.

나는 일을 하면서 '기회를 찾는 훈련'을 따로 하지 않았다. 대신 이유를 의심하는 습관을 들였다. 왜 여기에 있을까? 왜 지금일까? 이 배치는 최선일까? 사인을 읽고, 해석하고, 다시 읽는다. 그것이 내가 사용하는 방식의 전략 기획이다.

신호등 앞에 대기 차량이 길게 늘어서면 곧 신호가 바뀐다는 뜻이다. 멀리 횡단보도에 사람들이 모이면 초록불이 다가오고 있다는 신호다. 바쁘면 뛰고, 급하지 않으면 멈춘다. 이런 관찰은 도시가 보내는 언어를 해독하는 일이다.

회사도 다르지 않다. 우리는 매일 사인을 설계하고, 사인에 따라 움직인다. 그래서 나는 사무실 곳곳에 '눈에 보이는 생각'을 심어두었다. 하루는 전략기획실 정면 유리창으로 아침 햇살이 직격탄처럼 들어왔다. 블라인드를 달아야 했는데, 보통은 한 가지 색으로 여섯 세트를 주문한다. 하지만 우리는 파랑, 하양, 빨강 세 가지를 섞어 주문했다. 덕분에 블라인드를 내리면 프랑스 국기가 펼쳐졌다.

프랑스를 떠올리면 두 단어가 먼저 떠오른다. 혁명, 그리고 패션. 전략기획실 벽에 카피를 붙이는 대신 창문에 메시지를 건 것이다.

"우리는 혁명적으로, 그리고 패셔너블하게 생각한다."

아침마다 블라인드를 내릴 때마다 팀은 그 문장을 조용히 복습한다. 글자로 붙이면 잊히지만, 환경으로 심어두면 습관이 된다.

포프리 본사는 직원 식당까지 꽤 걸어야 한다. 어느 날 직원들이 식사하러 가는 걸 보니 대부분 휴대폰을 보고 있었다. 뭔가 바꿔주고 싶었다. 그러던 중 보도블록 틈새로 자란 잡초를 보고 생각했다. '보도블록 몇 장을 군데군데 들어내고 그 자리에 꽃을 심자.'

인도 곳곳에 꽃이 피어나자 사람들은 그 꽃을 밟지 않으려 자연스럽게 주의를 기울였고, 휴대폰을 잠시 주머니에 넣고 풍경을 눈에 담기 시작했다. 짧은 순간이지만, 그렇게 사람들 사이에 대화가 생겼다.

"저 꽃 이름이 뭐였지?"

직원들은 서로를 보며 웃고, 다정한 눈인사를 건넸다. 그렇다. 사소한 것만 바꿔도 사람들의 행동은 달라진다. 그 어떤 지시 없이도 말이다.

예전에 식당을 운영하던 때가 떠올랐다. 신발을 벗고 올라가는 좌식 공간이었는데 턱이 높아 불평이 많았다. 그래서 턱 밑에 꽃을 두었다. '밥 먹기 전에 꽃을 넘어간다'는 색다른 경험이 생기자 불만은 사라졌다. 사람은 불편을 싫어하지만, 의미 있는 불편은 받아들인다.

이런 경험의 관리는 직원들에게도 중요하다고 생각했다. 그래서 회사 공간에도 심혈을 기울이고 있다. 포프리 본사 사무실은 600여 평으로, 식품 회사라 신발을 벗고 들어가야 한다. 이 구조에서 겨울은 특히 버티기 힘들었다. 샛바람이 들면 발부터

시렸다. 겨울에 카페에 가면 윗공기는 따뜻한데 발이 시려 어깨가 올라가는 순간이 있다. 상담도, 합의도, 창의도 그 순간 움츠러든다. 그래서 전 구역에 온돌을 깔았다. 발이 따뜻하면 목소리의 톤이 달라진다. 몸이 열려야 말이 열린다. 그 온기는 자연스럽게 고객에게까지 전달된다.

화장실에는 꽃과 금붕어를 두었다. 하루에도 수십 번 감정의 파도를 건너야 하는 콜센터 직원들을 위해서였다. 짧은 순간이라도 지친 마음을 달랠 수 있기를 바랐다. 화장실은 누구나 마음이 조금은 느슨해지는 공간이다. 그곳부터 편안해야 한다고 생각했기에 바꾼 거였다.

업무 공간의 좌석 배치와 창의 각도도 조정했다. 통화가 끝난 뒤 30초라도 하늘과 구름, 연못을 볼 수 있게 하기 위함이다. 스트레스는 피할 수 없다. 다만 감정이 오래 머물지 않도록 설계할 수는 있다. 마음이 탁해지는 속도보다 맑아지는 속도를 조금만 앞서게 만들면, 팀의 하루는 달라진다.

감각은 얼마나 자주, 얼마나 깊이 관찰하느냐에 따라 달라진다. 자주 보면 익숙해지고, 익숙해지면 작은 변화도 크게 보인다. 그 작은 변화를 포착해 문제가 생기기 전에 고친다.

그래서 나는 지금도 길을 걸으며 이유를 묻는다. 왜 여기 거울이 있을까? 왜 이 높이의 손잡이일까? 왜 이 길만 막힐까? 그리고 답을 찾으면 회사에 이식하려고 노력한다.

세상은 언제나 사인을 보내고 있다. 더듬이를 세워라. 이유를 묻고, 공간으로 답하라. 그러면 고객도, 동료도, 하루도 조금씩 좋아진다. 그 좋아짐이 쌓여 브랜드가 된다.

INSIGHT

세상은 늘 신호를 보냅니다. 그 신호를 인식하고 답하는 순간, 변화는 시작됩니다.

41

진짜 사랑은 주고 또 주는 것

본사가 광주에 있을 때, 회사 안에 실내체육관을 만들었다. 날씨를 핑계로 움직이지 않지 않게 하기 위해서였다. 오전 근무 전에는 운동선수 출신 간호사를 채용해 다이어트 프로그램을 운영했고, 점심시간을 30분 더 늘려 배드민턴 코치에게 무료 레슨을 받을 수 있도록 했다. 오후에는 탁구 교실을 열고, 퇴근 후에는 원어민 영어 수업을 열어 자기계발을 원하는 직원들을 지원했다.

회사 안에 마사지실도 두었다. 안마사 두 분이 돌아가며 직원들에게 1시간씩 마사지를 제공했다. 생산부 직원 모두가 받을 수 있는 지원이었다.

시간을 돌려주는 일에도 신경을 썼다. 네일아티스트 두 명이 상주해 2주에 한 번씩 사내에서 네일 관리를 받을 수 있게 했다. 주말의 반나절을 네일숍에 쓰지 않도록 하기 위함이었다. 시간을 다시 삶으로 돌려주고 싶었다. 그 밖에도 회사 내에 바리스타가 상주했고, 모든 음료는 1,000원에 제공되었다. 당구장과 도서관도 마련했다.

가장 중요하게 여긴 것은 점심식사였다. 누구나 먹고살기 위해 경제활동을 한다. 삶의 근간은 결국 밥이다. 그런데 어느 날 멜라민 재질의 식판이 눈길을 붙잡았다. 하나씩 바꾸기 시작했다. 밥도 어디에 담느냐에 따라 그 가치가 달라지지 않겠는가.

4000만 원을 투자해 놋수저, 밥그릇, 국그릇, 탕그릇까지 100세트를 맞췄다. 식기세척기에 넣을 수 없어 전담 인력을 한 명 더 채용해야 했다. 번거로움을 감수하고도 바꾼 이유는 단순했다. 회사가 버는 돈으로 하루 한 끼, 직원들에게 '대접받는 느낌'을 선물하고 싶었다. 반찬은 지금도 최소 아홉 가지에서 열 가지가 기본이다. 언젠가는 전용 식당을 짓고, 일식, 양식, 한식 셰프가 상주하는 점심을 제공하겠다는 목표도 세워두었다.

포프리에는 '무비 데이'도 있다. 사실 나는 영화광이다. 중학교 1학년 때부터 잠들기 전 최소 한 편의 영화를 봐왔다. 내 상상력의 절반은 영화에서 왔다고 믿는다. 그래서 그 상상력의 힘을 직원들과 나누고 싶었다. 매달 한 번, 전 부서가 함께 영화관에 모여 영화를 보고 점심을 먹은 뒤 회사로 돌아왔다.

캠핑도 적극 권장했다. 말로만 한 것이 아니라, 주말에 훌쩍 떠나기 쉽도록 회사 명의의 캠핑카를 몇 대 준비했다. 화순으로 본사를 옮긴 뒤에는 53미터 길이의 수영장도 만들었다.

오랜 시간 경영을 하다 보면 상처받을 때도 있다. 횡령으로 회사를 떠난 사람, 시스템을 베껴 나가 똑같은 사업을 시작한 직원만 해도 셋이다. 그럴 때마다 마음이 흔들렸다.

'이렇게 계속 믿고, 계속 베풀어야 하나.'

솔직히 말해, 마음 한구석에서는 대가를 바랐다. 그러다 스스로에게 물었다.

"사랑은 무엇인가?"

답은 명확했다. 대가를 바라지 않고 주는 것. 줄 수 있을 때까지 주는 것. 그래서 다시 마음을 다잡았다.

'주고, 또 주자. 그게 사랑이다.'

사람과 사람 사이의 인연은 무엇과도 바꿀 수 없이 소중하다. 그렇다면 마지막의 마지막까지, 내가 내어줄 수 있는 것들은 무엇이든 내어줄 생각이다.

오래도록 잊히지 않는 일이 있다. 15년 전, 농장장 채용 면접을 보던 날이었다. 지원자는 개량한복을 곱게 차려입고 왔다. 가족과 함께 농장 사택으로 이사 오겠다고 했다. 이사비에 보태라며 100만 원을 드렸다.

이사 후 그는 사무실로 바로 찾아왔다. 감사하다며 A4 용지를 청해 빼곡히 적더니 내게 내밀었다. 무항생제 사양 노하우를 정리한 문서였다.

"근무하시니 이런 건 필요 없을 텐데, 왜 주십니까?"

내가 묻자 그는 "혹시 몰라서 드립니다"라고 답했다.

다음 날 해외 출장을 갔는데, 한국 사무실에서 급한 연락이 왔다.

"농장장님이 혼수상태입니다."

급히 돌아와 보니 간암 말기에 의한 쇼크였다. 복수가 찬 것을 가리려고 개량한복을 입으셨던 것이었다. 면접 전 근무하던 곳에서는 시한부라며 내쫓겼고, 마지막으로 우리 농장을 찾아오셨다고 했다. 장례는 내가 치렀다. 남겨진 사모님과 따님은 원하실 때까지 농장에서 일할 수 있도록 도왔다. 두 분은 얼마 뒤 전주로 옮겨가셨다.

지금도 그날의 A4 용지를 떠올린다. 마지막을 지켜준 것에 대한 보답이었을 것이다.

또 한 사람, 잊히지 않는 분이 있다. '고시윤 갓맨'이다. 2019년

10월 19일, 물류본부장에게서 연락이 왔다.

"고시윤 갓맨이 배송 중 심장마비로 돌아가셨습니다."

2005년 5월 10일 입사. 14년간 늘 긍정적이었고, 고객 칭찬이 끊이지 않던 직원이었다. 그는 갓길에 세워진 차 안에서 조용히 눈을 감고 있었다. 아마도 이상함을 느끼고, 2차 사고를 막기 위해 차를 갓길로 붙였을 것이다. 너무 슬펐다. 나는 그를 잊지 않고 싶었다. 그래서 본사를 지을 때 그의 이름을 따 '시윤관'이라 이름 붙였다. 우리 회사는 이런 분들의 어깨 위에 서 있다.

체육관, 마사지, 네일, 영화, 캠핑카, 수영장, 놋그릇, 많은 반찬. 겉으로 보면 복지처럼 보일지 모른다. 그러나 본질은 '사람을 존중하는 방식'이다. 배신이 있어도, 때로 손해를 보아도, 그래도 계속 준다.

대가를 기대하지 않기로 마음먹는 순간, 회사의 공기가 달라진다. 서로가 서로의 하루를 조금씩 더 좋게 만든다. 브랜드는 그 공기를 고객에게 옮기는 통로일 뿐이다.

INSIGHT

사랑이란 주고 또 주는 것입니다. 대가를 바라는 순간, 사랑은 거래가 됩니다.

42

우리는 갈 수 없지만, 가야만 한다

광주의 본사가 커지면서 대지가 부족해졌다. 결국 콩나물 공장과 가공계란 공장을 전남 화순에 먼저 세웠다.

2014년, 그 공장을 들렀다 돌아오는 길이었다. 길 건너에 낯선 풍경이 펼쳐져 있었다. 굴삭기, 레벨기, 말뚝. 누가 봐도 택지 조성 현장이었다. 물어보니 화순 식품산업단지를 조성 중이라고 했다. 폐광 지역의 회복을 위해 바이오 산업단지와 전남대 암병원이 먼저 들어왔고, 그다음 단계로 식품산단을 마련하고 있다는 설명이었다.

그 말이 끝나기도 전에 심장이 뛰었다. 넓게 펼쳐진 부지를 바라보며 한 가지 생각만 들었다.

'모두 포프리가 쓰면 좋겠다.'

허영은 아니었다. 포프리의 철학은 단순하다. 갓 만들어, 갓 배송한다. 이 철학을 끝까지 밀고 가려면 원재료, 가공, 물류, 콘텐츠까지 한몸처럼 붙어 있어야 했다. 그 부지는 딱 포프리를 위한 자리였다.

당시 회사 통장에 남아 있던 잔고는 1억 원이 전부였다. 분양 요건을 확인했다. 총 5만 평. 그중 공원, 주차장, 도로로 2만 평이 빠지고, 실제 분양 면적은 3만 평. 평당 38만 원, 총액은 100억 원이 훌쩍 넘었다.

현실적으로는 불가능해 보였지만 그래도 일단 방법을 생각했다. 첫 번째 넘어야 할 산은, 어떻게 국가 산업단지를 통으로 분양받느냐였다. 확실한 명분이 필요했다.

'식품은 더 이상 산업이 아니라 문화가 되어야 한다.'

우연히 유튜브에서 한 건축가의 강연을 보게 됐다. 백희성 건축가. 프랑스 장 루벨 건축사무소 팀장을 지낸 이력보다, 건축을 환경과 사람의 관계로 설명하는 태도가 마음에 남았다. 그를 수소문해 화순에서 펼쳐질 비전을 설계도에 담아달라고 요청했다.

"미래의 식품은 산업이 아니라 문화입니다. 6차 산업의 모델을 화순에서 보여주고 싶습니다."

산단을 중심으로 주변 100만 평의 논을 구획했다. 메밀, 라벤더, 해바라기, 열무가 계절마다 물결치게 한다(1차). 수확 전부터 사람들에게 향유할 풍경을 연다(3차). 그리고 그것을 우리 공장에서 가공해 상품으로 완결한다(2차).

1차, 2차, 3차가 한 바퀴 도는 시스템, 지역민과 나누는 문화 프로그램, 아이들이 현장에서 배우는 식생활 교육까지 한 장의 지도에 담았다.

설득의 지도를 그렸으니, 이제 사람을 만나야 했다. 군청, 전남도, 관련 부처, 산단 조성 주체까지 한 곳도 빠뜨리지 않고 찾아다녔다. 모형과 도면, 실행표, 재무계획, 지역 파급효과 자료를 들고 문을 두드렸다.

전례가 없는 일이었다. 국가 산업단지를 한 기업이 통째로 분양받는 건 전무후무한 일이었다. 그러나 끈질긴 설득과 화순군의 통 큰 결정으로, 마침내 허가가 떨어졌다.

두 번째 넘어야 할 산은 자금이었다. 당장 인수할 돈이 없었다. 그래서 3만 평을 세 필지로 나눠, 한 필지씩 5년에 걸쳐 인수하겠다고 제안했다. 그리고 2020년, 마침내 전 부지의 소유권을 확보했다. 부지를 모두 매입한 뒤 군청에서 연락이 왔다.

"산단 입주기업 지원금이 있습니다. 총 20억 원입니다. 조건을 충족하셨으니 받아 가십시오."

나는 고개를 저었다.

"아직 이 지역에 기여한 게 없습니다. 지금 받는 건 옳지 않은 것 같습니다."

군수님이 따로 나를 불렀다.

"왜 안 받느냐."

나는 같은 말을 반복했다.

"기여가 먼저입니다. 보조는 나중에 해주십시오."

사람들은 종종 묻는다. 왜 수도권이 아니라 화순이냐고. 보통은 광주에서 커지면 수도권으로 간다. 하지만 우리는 더 아래, 군 단위로 내려왔다. 인구가 줄어드는 지역에서도 전국 브랜드를 만들 수 있다는 걸 증명하고 싶었기 때문이다.

좋은 일자리가 수도권만의 전유물이 아니라는 것, 아이들이 버스를 타고 공장에 와서 안전하고 아름다운 식품의 풍경을 보고, 지역 어르신들이 토요일마다 산책로를 걷고, 청년들이 교육동에서 콘텐츠 기획을 배우는 그날을 이곳에서 먼저 보여주고 싶었다. 산업이 문화가 되는 장면을 말이다.

이곳 화순에서, 인구 소멸의 변두리에서, 소멸하지 않는 희망의 변수를 만들고 싶었다. 산업단지를 '가진' 회사가 아니라, 산업단지를 '살게 만든' 회사로 남고 싶다.

그것이 우리가 가야만 했던 이유였고, 지금도 가고 있는 이유이다.

INSIGHT

어떤 순간이든 방법은 있습니다. 된다고 생각하면 됩니다.

43

기부의 순환법칙

하루는 법무부 교정당국에서 연락이 왔다.

"〈포프리쇼〉를 교정시설에서 틀고 싶습니다."

본사로 직접 찾아와 프로그램 제공을 요청했고, 좋은 뜻이라 기꺼이 하드에 담아드렸다. 그 뒤로 편지가 쏟아졌다. 수용자들에게서, 가족들에게서, 출소를 앞둔 이들에게서 온 것이었다. 〈포프리쇼〉를 보고 힘이 났다는 이야기, 생활고에 묶여 있다는 사정, 조그만 장사를 시작하려는데 종잣돈이 없다는 부탁까지 사연은 각양각색이었다.

나는 돈을 '잘' 빌리는 편이라, 남에게도 '잘' 빌려주는 편이다. 문제는 거의 돌려받아본 적이 없다는 것이다. 차라리 그냥 줬다면 속이라도 편했을 텐데 "반드시 갚겠다"는 말을 듣고도 갚지 않으면 그 약속 자체가 스트레스가 된다. 그래서 방향을 바꿨다.

〈포프리쇼〉에 붙인 광고비로 작은 펀드를 만들었다. 총 2억 원. 원칙은 단순했다.

- 1인당 최대 500만 원
- 무이자
- 상환은 월 1만~2만 원 등 형편대로
- 들어오는 돈은 다시 누군가에게 순환 대출

첫 번째 수혜자는 카페 월세가 밀린 분이었고, 두 번째는 모녀 가정의 미용실 오픈 비용이었다. 세 번째는 출소 직후 배달 일을 시작하려는 분의 오토바이 구입비였다. 이렇게 지급하다 보니 조성한 2억 원은 금세 바닥을 보였다. 돌아오는 돈도 거의 없었다. 그래도 어떤 분은 매달 1만~2만 원씩, 2년 동안 전액을 다 갚았다. 하지만 지금 그 펀드는 사실상 텅 비어 있다. 그런데 이 책을 마무리하던 중 메시지 하나가 도착했다. 이런 내용이었다.

"대표님 안녕하세요. 일전에 인사드렸던 김○○입니다.

교도소에 있을 때 도움 주셔서 그 힘으로 출소 후 3년 동안 고물상 일을 배웠고, 지금은 경기도 파주시에서 작은 고물상을 운영하고 있습니다. ○○○ 메탈(고물상)과 ○○○ 환경이라는 사업장 폐기물 수집운반업을 하고 있습니다.

아직은 번 돈을 장비 시설에 투자하는 단계지만, 그래도 남에게 손 벌리고 살지는 않습니다. 늦었지만 도움 주신 것을 돌려드리고 싶습니다. 계좌번호를 남겨주시면 감사하겠습니다. 직접 찾아뵙는 게 맞지만 무턱대고 찾아가는 것도 실례일 것 같아 이렇게라도 인사드립니다."

그리고 뒤에 전화번호가 첨부되어 있었다. '아, 그래도 내가 의미 있는 일을 했다'는 증거를 본 순간, 눈물이 핑 돌았다.

또 하나의 장면이 있다. EBS 다큐멘터리 〈길 위의 인생—엄마는 물장수〉에서 미얀마 여성 베이비 씨의 이야기를 보았다. 아이 여섯, 일하지 않는 남편, 큰딸은 양곤으로 식모살이. 산후조리를 제대로 하지 못해 다리가 불편해졌다고 했다. 그 이야기를 보며 다시 눈물이 핑 돌았다.

'가야겠다.'

그렇게 마음먹고 통역자를 수소문해 동행을 구했다. 미얀마는 연중 세 번 수확하는 쌀 산지다. 떠오른 것은 뻥튀기였다. 전기가 불안정하니 맴감으로 돌리는 기계를 주문 제작했고, 한국

에서 시험 가동까지 마쳤다. 이름은 '베이비 코리안 라이스 스낵'으로 정했다.

스태프 여섯 명과 양곤에 도착해 하루를 자고, 다시 10시간을 이동해 베이비 씨가 사는 마궤에 닿았다. 다음 날 그녀를 만났고, 의사는 다리 절단을 권했다. 병원으로 데려가 수술을 받도록 해주고, 비용은 우리가 부담했다.

남편에게는 뻥튀기 기술을 전수했다. 처음에는 연달아 실패했다. 이유를 찾아보니 쌀 품종 차이 때문이었다. 몇 번의 시도 끝에 현지 품종에 맞게 공정을 바꾸자 마침내 성공했다.

이후 베이비 씨는 건강을 회복했고, 우리는 학교를 중퇴하고 양곤에서 식모살이를 하던 딸의 대학 학비까지 지원했다. 그리고 이 과정을 영상으로 기록해 우리 직원들과 공유했다. 나아가 1인당 최대 5,000원의 자율 기부를 받았다. 나 혼자 하는 선행이 아니라 함께하는 회복을 배우고 싶었기 때문이다.

나는 이런 나눔을 계속 이어가고 싶다. 하지만 이런 일을 지속하려면 반드시 시스템이 필요하다는 걸 경험으로 알게 됐다. 그래서 우리는 더 많이, 그리고 더 안정적으로 나누기 위해 포프리 생수를 준비하고 있다. 기부처마다 병뚜껑 색을 달리해, 사람들이 관심 있는 분야의 색을 골라 사 마실 수 있도록 구상했다. 생활 속의 가벼운 선택이 선행이 되는 구조를 만드는 것. 그것이 내 꿈 중 하나다.

나는 여전히 편지에 흔들리고, 사연 앞에서 약하다. 그래도 이제는 안다. 선의도 시스템을 만들어야 오래 간다는 것을. 선한 마음이 나를 불태우지 않도록, 그리고 다음 사람에게까지 닿도록 말이다.

그래서 언젠가 포프리 기부워터를 꼭 실현시키고 싶다.

44

바꾸지 않으면 바뀌지 않는다

나는 마케팅 전공자는 아니다. 다만 막다른 골목에서 우회로를 찾아내는 버릇 덕에, 어느 대기업 회장님으로부터 "회사 마케팅 전략을 함께 점검해달라"는 부탁을 받은 적이 있다. 식품 회사였는데, 2021년 '인공조미료 무첨가' 프리미엄 라면을 출시했지만 시장 반응이 차가워서 고심하고 있었던 것이다.

그 회사의 사명은 이름부터가 소비자 식탁의 언어와는 비껴 있었다. 공장에는 이과생, 즉 엔지니어가 많았고 의사결정도 공학적이었다. 하지만 식품 선택의 주도권은 대부분 여성이 쥐고 있다. 그렇다면 모든 판단은 여성의 섬세함과 감각을 기준으로 재설계돼야 한다.

현장을 돌았다. 설비는 완벽에 가까웠다. 바닥에 이불만 펴면 잘 수도 있겠다는 생각이 들만큼 청결했다. 스토리도 공들였다. 인공조미료 대신 동물 잡뼈로 육수를 뽑고, 지방 편차를 줄이기 위해 탈지 후 필요한 만큼만 다시 넣는 공정을 거쳤고, 면은 튀기지 않은 건면 라인이었다. 프리미엄을 위한 투자가 곳곳에 녹아 있었다.

'그런데 왜 안 팔릴까?' 내가 정리한 분석은 이랬다.

첫째, 프레임의 오류다. 라면은 '가볍게 한 끼를 때우는 즐거움'의 범주에서 소비된다. 사람들은 건강을 생각해서 라면을 먹지 않는다. '건강한 라면'이라는 메시지는 라면 카테고리의 원초적 기대, 즉 짭짤함,얼큰함, 즉각적인 보상과 어긋나 있었다.

둘째, 네이밍의 덫이다. 제품명은 '○○라면'이었다. 신라면을 만든 장인을 영입해 만들었다는 의미였다. 하지만 소비자 머릿속에는 즉시 질문이 떠오른다. '그 장인은 인공조미료를 쓰던 사람이 아니었나?' 무엇보다 '장인'이라는 단어는 평가의 틀을 호출한다. '그럼 얼마나 맛있는지 한번 보자'라는 감상과 비평의 대상으로 제품을 올려놓는 셈이다. 그 결과 "자연의 맛이네", "심심하네" 같은 평가가 분분하게 쏟아졌다.

셋째, 일관성의 문제다. 천연 육수는 물의 양에 민감하다. 연구실에서는 계량컵으로 정확히 끓이지만, 소비자는 싱크대에서 '감'으로 붓는다. 같은 라면이 어떤 날은 싱겁고, 어떤 날은 짜다. 맛의 표준이 무너진다.

넷째, 시각 신호의 미스매치다. 프리미엄을 표방하면서도 패키지 비주얼은 노란 양은냄비에 담긴 한 컷이었다. 시골 정서는 살았지만, '프리미엄'과는 거리가 멀었다.

이 분석을 바탕으로 몇 가지 제안을 남겼다. 우선 패키지 자체에 500mL 물선, 즉 라인을 인쇄하자는 것이었다. 봉지 자체를 계량컵으로 쓰게 하면 가정에서도 표준화가 가능하다. 천연육수의 편차를 보정하는 방식이었다.

또 하나는 메시지 전환이었다. 건강은 '스프'가 아니라 '재료'로 말하자는 제안이었다. '다슬기라면', '버섯라면' 같은 네이밍은 이름만으로도 효능과 상황을 동시에 전달한다. "해장엔 다슬기라면"처럼 상황 기반 제안도 가능해진다. 그래서 '다슬기로운 라면'이라는 브랜딩까지 제안했다.

여기에 더해 '무지방 라면'을 어필해보자고 제안했다. 공장에는 이미 지방 탈지 장치가 있으니, '세계 최초 무지방 라면'을 시도해보자는 것이었다. 기름이 둥둥 떠 있는 라면을 저녁에 먹기 부담스러워하는 소비자층을 겨냥한 전략이었다. 몇 개월이 지나도 이 제안이 실행되지 않았고, 결국 포프리에서 '무지방 한우 곰탕'을 먼저 출시했다.

다음은 카테고리 재정의였다. 라면 시장은 이미 포화 상태다. 그렇다면 '라면'이 아니라 파스타 시장으로 프레임을 옮겨보는 건 어떨까? 그런 생각으로 이를 제안했다. 전 세계적으로 파스타 시장은 라면 시장보다 크다. 게다가 그 회사가 보유한 건면 생산 기계는 면에 미세 기공을 남겨 소스 흡착력이 뛰어났다. 이를 활용해 한국식 소스를 입힌 K-파스타 라인, 예를 들면 로제, 고추장 알리오올리오 같은 제품군을 제안했다. 첫 제품은 로제 파스타, 광고 모델은 이름의 트윈 의미를 살려 로제(블랙핑크)를 제안했다.

마지막은 비주얼 업그레이드였다. '양은냄비의 추억' 대신 '럭셔리 테이블웨어로 먹는 라면'으로 장면을 바꾸자고 했다. 프리미엄을 표방한다면, 보는 순간 먹고 싶어지는 장면으로 바꿔어야 한다.

하지만 이런 여러 제안에도 실행된 것은 단 하나도 없었다.

2024년 매출액 800억 원, 순손실 1,500억 원. 2025년에도 상황은 크게 나아진 것 같지 않았다.

나는 별도의 보상 없이 자료와 디자인 시안을 모두 건넸다. 이유는 단 하나, 그 그룹의 창업자를 존경했기 때문이다. 그러나 변한 것은 없었다.

이 일을 통해 나는 다시 한번 확신하게 되었다.

아무것도 바꾸지 않으면, 아무것도 바뀌지 않는다.

그게 진실이다.

INSIGHT

생각만으로 그치면 어떠한 것도 바뀌지 않습니다.
현재 상황을 바꾸고 싶다면 즉시 실행하십시오.

45

인생 2막, 새로운 도전을 위하여

책을 덮는 순간은 끝이 아니라 다시 시작이라는 느낌이 든다. 이 글들을 쓰며 나는 한 가지를 또렷하게 확인했다. 인생에는 '더 잘해보자'가 아니라 '다르게 살아보자'가 필요한 시기가 온다는 사실이다.

인생 1막에서 나는 '살아남는 법'을 배웠다. 막다른 골목에서 우회로를 찾는 법, 사람의 마음을 읽는 법, 조직의 공기를 바꾸는 법을 배웠다.

그 과정에서 알게 된 것은 단순했다. 세상은 늘 신호를 보내고 있고, 변화는 그 신호를 알아차리는 순간부터 시작된다는 것이었다.

사랑에 대해서도 다시 배웠다. 경영을 오래 하다 보면 배신도 있고, 상처도 있다. 그럴 때마다 흔들리면서도 나는 스스로에게 계속 물었다.

"사랑이란 무엇인가."

그리고 나름의 답에 도달했다.

"사랑은 주고 또 주는 것이다."

대가를 바라기 시작하는 순간, 사랑은 거래가 된다는 것도 깨달았다.

또 하나 배운 것이 있다.

어떤 길은 '갈 수 있느냐'로 결정되는 게 아니라 '가야 하느냐'로 결정된다는 사실이다.

나는 중심이 아닌 곳에서, 인구가 줄어드는 지역에서, 산업이 문화가 되는 장면을 먼저 만들고 싶었다. 산업단지를 '가진' 회사가 아니라, 산업단지를 '살게 만든' 회사로 남고 싶다.

앞으로의 인생 2막은 그 선택을 더 깊게 실천하는 시간이 될 것이다.

나는 지금껏 늘 시간을 쪼개 써왔다. 기차도, 비행기도 늘 시간에 딱 맞춰 움직였다. 그게 능력이라고 믿었던 시절도 있었다. 그러다 보니 가끔은 과속을 했고, 아찔한 순간을 몇 번이나 지나왔다.

하지만 나이가 들수록 생각이 바뀌었다.

'이제는 조금 여유 있게 가도 되지 않을까?'

그날도 그런 마음으로 서울 출장을 앞두고 광주송정역 앞 스타벅스에서 커피를 마시고 있었다. 그때, 딱 봐도 허름한 차림의 노숙자 할머님 한 분이 들어오셨다. 조심스럽게 안을 둘러보시더니 내 왼쪽 구석 테이블에 앉으셨다.

순간, 우리 어머니 생각이 났다. 나도 모르게 할머님이 드실 수 있을 만한 음식 몇 가지를 골라 가져다드렸다.

"할머님, 드셔요."

그런데 할머님은 천천히 나를 바라보시더니 이렇게 말씀하셨다.

"싸왔어요."

그러고는 낡은 천가방에서 당신이 챙겨 오신 빵 하나를 꺼내 보이셨다.

나는 기차 시간이 다 됐다며 여기 음식 안 사면 뭐라고 한다고 둘러댄 뒤 "그냥 옆에 두고 드세요"라는 말을 남기고 자리를 떴다.

기차를 타고 나서 마음이 편하지 않았고, 오만 가지 생각이 들었다.

솔직히 말하면 내 입장에서는 '착한 일을 했다'는 마음이 들었을 것이다. '그래도 나는 할 만큼 했다'는 은근한 만족도 있었을지 모른다.

그러다 문득 그분에게 그 빵 한 개는 마지막으로 지키고 싶었던 자존심이었을지도 모른다는 생각이 들었다.

누군가의 한 끼는 단순한 식사가 아니라 인생에서 끝까지 붙들고 싶은 마지막 존엄일 수 있다는 걸 그제야 알게 된 것이다.

포프리 서울 사무실은 서울역 근처에 자리하고 있다. 그리고 그 주변에는 노숙인 무료 급식소가 많다. 정해진 시간이 되면 길게 늘어선 줄이 생겨난다. 그 줄을 볼 때마다 그날의 할머님이 떠올랐다. 줄을 서 있는 그분들의 마음은 어떨까?

'우리는 선의를 말하면서 혹시 그분들의 마지막 자존심을 무심코 짓밟고 있는 건 아닐까?'

이 질문이 내 인생 2막의 방향을 바꾸었다.

그래서 나는 인생 2막에서 누구나 고개 숙이지 않고 당당하게 들어와 밥을 먹을 수 있는 밥집을 하고 싶어졌다. 먼저 '포프리 콩나물 국밥집'을 생각하고 있다.

포프리에서 콩나물, 밥, 김, 계란, 육수까지 이미 모든 재료가 나온다. 가장 빠르게, 그리고 가장 정직하게 준비할 수 있다. 맛은 말할 것도 없을 테지만, 가격표는 달지 않으려 한다. 결제도 누구의 눈도 닿지 않는 공간에서 혼자 조용히 할 수 있게 하려고 한다. 10원을 내도 되고, 그냥 가도 모르게 말이다. 지금은 형편이 안 되지만 나중에 잘 살게 되었을 때 그때 많이 내도 괜찮게 말이다.

그렇게 사람이 사람답게 밥을 먹을 수 있는 곳. 부끄럽지 않은 한 끼를 내어주는 곳. 그게 내 인생 2막의 시작이 될 것이다.

마지막으로 변화에 대해 한 가지만 더 말하고 싶다. 분석과 계획이 아무리 완벽해도 실행이 없으면 아무것도 달라지지 않는다.

아무것도 바꾸지 않으면, 아무것도 바뀌지 않는다.

그렇기에 나는 앞으로도 세상의 신호를 읽고, 이유를 묻고, 그 답을 행동과 구조로 옮기며 살 것이다. 작게 바꾸되, 크게 달라지도록 말이다.

많은 이들이 이 길에 함께 가주시면 더 좋겠다.

흔들리지 말고
나답게

1판 1쇄 인쇄 2026년 1월 20일
1판 1쇄 발행 2026년 1월 25일

지은이 김회수

발행인 양원석 **편집장** 최두은
영업마케팅 윤송, 김지현, 최현윤, 유민경, 김수윤

펴낸 곳 ㈜알에이치코리아
주소 서울시 금천구 가산디지털2로 53, 20층(가산동, 한라시그마밸리)
편집문의 02-6443-8844 **도서문의** 02-6443-8800
홈페이지 http://rhk.co.kr
등록 2004년 1월 15일 제2-3726호

ISBN 978-89-255-6991-8 03320